Técnicas de PNL

Técnicas de
PNL

Isabelle Jussieu

© 2016, Isabelle Jussieu
© 2016, Redbook ediciones, s. l., Barcelona

Diseño de cubierta e interior: Regina Richling
Ilustración de cubierta: Shutterstock

ISBN: 978-84-9917-386-3
Depósito legal: B-4.124-2016

Impreso por Sagrafic, Plaza Urquinaona, 14 7º 3ª, 08010 Barcelona
Impreso en España - *Printed in Spain*

«Los seres humanos buscan su felicidad sin saber de qué modo se pueden encontrar. Igual que los borrachos buscan su casa, vislumbrando que sí la hay.»

Voltaire

Índice

Introducción

Quizá desee usted hacer un cambio sustancial en su vida. No seguir viviendo como hasta ahora. Abrir una nueva puerta que le dé nuevas posibilidades y otra vida más plena. Precisamente de eso trata este libro, descubrir cómo puede desarrollar todo su potencial más oculto.

La Programación Neurolingüística (PNL) es un método extraordinariamente eficaz para conseguir cambios personales en un lapso breve de tiempo. Se trata de una técnica, ya que no recurre a concepciones filosóficas, religiosas o espirituales, sino que trabaja mediante unos pasos muy sencillos y concretos.

Gracias a la PNL se pueden superar problemas en poco tiempo que, de otra manera, se tardarían años en superar. Sirve, también, para salvar problemas prácticos en el día a día, como los miedos ante un examen, superar una adicción, los problemas de relación, etc.

Parece magia, pero no lo es. Su efectividad radica en la exploración que hace de los mecanismos del espíritu, transformándolos en procedimientos prácticos.

Su historia comienza en los años sesenta, cuando el psicólogo Richard Bandler y el doctor en ciencias lingüísticas John Grinder exploraron determinados modelos de comunicación que algunos psicólogos de éxito empleaban de forma intuitiva con sus pacientes. Así, reunieron una serie de estrategias concretas con vistas al desarrollo óptimo de la personalidad de la gente, de cara a conseguir una comunicación efectiva y un claro crecimiento de su rendimiento.

Con la lectura de este libro aprenderá a encontrar sus propias metas, a motivarse correctamente, a superar sus miedos, a ganar seguridad, a hacer más eficaz su comunicación con los demás, a superar malas experiencias del pasado y a mejorar su salud.

1.¿Qué es la programación neurolingüística?

La PNL es la abreviatura de programación neurolingüística. Posiblemente no nos equivocaremos si intuimos que esto tampoco le aclara mucho más las cosas. Ocupémonos pues con más exactitud sobre qué es esto de la neurolingüística y la programación y de qué manera se conectan ambos conceptos.

Una ciencia muy joven

La neurolingüística es una ciencia relativamente joven que aúna varios ámbitos de investigación. En la neurolingüística investigan científicos de los ámbitos médicos de la fisiología y la neurología así como lingüistas y psicólogos. El prefijo «neuro» indica que se trata de procesos que se llevan a cabo en el cerebro. La «lingüística» es la ciencia del lenguaje. La neurolingüística investiga, por tanto, de qué manera se presenta y se elabora el lenguaje en el cerebro humano. Los conocimientos de la investigación neurolingüística pueden utilizarse por ejemplo con fines terapéuticos.

Programar, programar, programar

La palabra «programar» le resultará conocida a raíz de su uso en los ordenadores. Al programar se introduce en la computadora una serie de instrucciones que le indican qué operaciones ha de realizar con determinados datos. Los programas se pueden montar directamente en el *hardware*, es decir, en los componentes materiales de la computadora, o bien existir de forma independiente en lo que se llama el *software*.

Lo que puede hacer una computadora depende, por un lado, de su construcción material (su *hardware*), pero en mayor medida depende de los programas (el *software*). Sin programas, ni siquiera la computadora más moderna puede hacer nada en absoluto.

Pensamientos y sentimientos

Ahora puede ser interesante comparar nuestro cerebro desde diferentes puntos de vista con una computadora. Nuestro cerebro por sí solo no es capaz de hacer nada. Son nuestras experiencias, nuestra educación y nuestro historial de aprendizaje lo que nos permite hacer cosas tan sorprendentes como componer música, sentir amor y pensarnos a nosotros mismos.

En la analogía con una computadora, nuestro cuerpo, nuestros órganos, incluido nuestro cerebro, son el *hardware*, el cual marca unos determinados límites. Nuestros pensamientos, nuestros sentimientos y nuestras capacidades son el *software*, los «programas» que nos hacen ser seres humanos con todas nuestras posibilidades.

«Con el lenguaje que aprendes liberas a un espíritu que hasta ahora permanecía vinculado a ti.»

Friedrich Rückert

Influir en los procesos espirituales

La PNL, la programación neurolingüística, se ocupa de cómo se puede influir (en el sentido más amplio) en los procesos mentales mediante el lenguaje; es decir, cómo «programamos» nuestro cerebro. Podemos instalar programas nuevos aumentando así nuestras posibilidades, pero también podemos mejorar, ampliar programas antiguos e incluir nuevos subprogramas. Y no menos importante aún (y esta es una de las aplicaciones más importantes de la PNL), podemos aprender a utilizar de forma óptima los programas que ya existen. Los programas que operan en nuestro cerebro son, evidentemente, mucho más variados, complejos, capaces e increíbles que todos los programas de computadora del mundo. E incluso el «lenguaje de programación» con el que están escritos los programas en nuestro cerebro son enormemente más variados que aquellos con los que opera una computadora. Una computadora conoce solo dos símbolos: 1 y 0. Los símbolos con los que trabaja nuestro cerebro son «unidades de percepción».

El lenguaje del cerebro

Disponemos de diferentes canales de sentido o, lo que es lo mismo, sistemas de representación a través de los cuales podemos recoger la información: el canal visual (la vista), el canal auditivo (el oído), el canal cinestético (la sensación), el canal olfativo (el olor) y el canal gustativo (el sabor). Una abreviatura usual para la totalidad de los sistemas de representación es VACOG (visual, auditivo, cinestético, olfativo, gustativo).

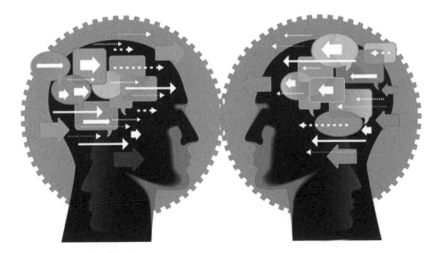

Las diferentes submodalidades

Pero no sólo disponemos de cinco «canales de entrada». Cada sistema de representación tiene diferentes submodalidades. El sistema de representación visual comprende submodalidades como, por ejemplo, el color o la luminosidad. Cada submodalidad puede tener a su vez muchas expresiones distintas: estas son los símbolos de los que se componen los programas del cerebro.

Más adelante podrás encontrar las submodalidades más importantes de todos los sistemas de representación así como ejemplos para las expresiones de las submodalidades. Obviamente, esta lista no está completa. Piense si se le ocurren otras submodalidades y sus expresiones. Como puede ver, el número de símbolos con los que trabaja nuestro cerebro es mucho mayor que los dos símbolos 1 y 0 de la computadora. Por ello no es de extrañar que nuestro cerebro contenga programas mucho más fascinantes que ninguna máquina.

Sistemas de representación y submodalidades

SISTEMA DE REPRESENTACIÓN	SUBMODALIDAD	EJEMPLOS
Cinestético	Calidad	Relajante, tenso, áspero, liso, ahogado, punzante, apretado, picor, húmedo, seco, duro, blando
	Intensidad	Fuerte, suave
	Temperatura	Caliente, tórrido, frío, helado
	Posición	Cabeza, estómago, pecho
	Movimiento	Lento, rápido, continuado, entrecortado, vibrante
Gustativo	Calidad	Dulce, ácido, salado, agrio, picante, amargo, aceitoso
	Intensidad	Fuerte, suave
Olfativo	Calidad	Oloroso, apestoso, ahumado, terroso
	Intensidad	Fuerte, suave

Los diez principios de la PNL

1. Las personas se orientan en el mundo según su mapa mental del mundo.
2. El mejor mapa es aquel que muestra más caminos.
3. Detrás de cada comportamiento se encuentra una intención positiva.
4. Cada experiencia tiene una estructura.
5. Todos los problemas tienen solución.
6. Cada persona dispone de las fuerzas que necesita.
7. Cuerpo y mente son partes de un sistema.
8. El significado de toda comunicación se encuentra en su resultado.
9. No existen los fracasos, sino solamente mensajes de respuesta.
10. Si algo no funciona, intente otra cosa.

Los modelos de la PNL

Las personas con formación académica son las primeras en asombrarse de que la PNL no se apoye en ninguna teoría. Y no sólo eso, sino que además la mayoría de los defensores de la PNL no están interesados en elaborar una teoría sobre el funcionamiento del espíritu humano y la forma en que la PNL actúa sobre él. En la PNL se trata sencillamente de si funciona o no. Es en este sentido, por tanto, en el que se han de entender los principios de la PNL. Para ser más claros, los principios no tienen la pretensión de proclamar la verdad sobre el mundo en general y sobre el ser humano en especial. No funcionan como teorías sino como modelos. Sólo son aquellos supuestos que se han mostrado útiles en el trabajo de los coach, formadores y practicantes de PNL.

El primer principio

Las personas se orientan en el mundo según su mapa mental del mundo. ¿Cómo orientarse en el mundo? No es tan sencillo como parece.

No basta meramente con abrir los ojos y mirar. Esto únicamente sirve para no estrellarse contra el próximo árbol, y sólo siempre que se sepa que tal vez esto vendría acompañado de un buen chichón en la cabeza. ¿Podría llegar a ser agradable? Bueno, el ejemplo es bastante banal. Todo el mundo sabe que darse con la cabeza contra objetos duros hace daño. Quizá el siguiente ejemplo ayude a comprender mejor de qué se trata. Carlos ve un lago y piensa enseguida en humedad, frío, ahogarse y el peligro de la profundidad. Tina ve el mismo lago y piensa en diversión, nadar, verano y descanso. ¿Ven verdaderamente ambos el mismo lago?

Aprender la representación interna de las cosas

Nosotros no vemos en absoluto el mundo exterior. Quizá suene esto un poco sorprendente al principio, dado que contradice nuestra manera acostumbrada de pensar. Sin embargo, es cierto que nunca aprehendemos las «cosas» sino la representación interna de esas cosas. Por ello,

aún existen hombres ciegos cuyos ojos son completamente sanos; seres humanos que, a causa de un daño cerebral, han perdido la capacidad de elaborar los impulsos nerviosos que se originan en los ojos.

El matemático de origen polaco Alfred Korzybsky ha expresado de forma clara este hecho en la recurrente frase de PNL «el mapa no es el territorio».

Orientarse mediante un mapa interior

Así pues, nos orientamos mediante un «mapa» interior del mundo. El mundo es sencillo. Pero podemos mejorar nuestro mapa del mundo, refinándolo y actualizándolo. Desde nuestro nacimiento vamos modificando nuestro mapa. Primero hay muy pocos caminos y zonas. A medida que vamos abriendo caminos en nuestra vida, vamos refinando nuestro mapa. Al principio probamos muchos caminos nuevos. En algún momento encontramos algún camino especialmente bueno y empezamos a transitarlo más a menudo. Utilizar ese camino se ataba convirtiendo en una costumbre, incluso cuando la zona ha cambiado, cuando han aparecido nuevas posibilidades y caminos ya viejos se han vuelto poco prácticos. Por ello es importante mantener nuestro mapa del mundo al día, de manera que nos oriente de forma óptima en nuestro camino vital y podamos así seguir hacia delante.

El segundo principio

El mejor mapa es aquel que muestra más caminos. Un mapa que solo muestre un camino es bastante superfluo. No existe posibilidad de elección. Cuanto más exacto es el mapa, más caminos muestra, con lo que hay más posibilidades de llegar a la meta.

La flexibilidad es la clave del éxito. Si solo tenemos una posibilidad a la hora de reaccionar ante un suceso, nuestra capacidad de actuación está excesivamente limitada. En el caso de miedos (fobias) importantes, los que los padecen suelen tener solamente una solución, a saber: el pánico.

Alguien con un poco menos de miedo tiene dos posibilidades: la huida o el aguante. Sin miedo se multiplican las posibilidades. Incluso se puede llegar a disfrutar de la situación.

Explorar nuevos caminos

Las posibilidades ya se encuentran presentes en el mundo. Otra cosa es que los mapas mentales del mundo las muestren o no. Y dado que nos orientamos con relación a nuestro mapa mental, solo podemos reconocer aquellos caminos que están marcados.

Para mejorar nuestras posibilidades de elección y nuestras posibilidades de éxito, hemos de mantener nuestro mapa al día en la medida en que vayamos explorando nuevos caminos y marcando aquellos otros que se hayan vuelto impracticables.

El tercer principio

Detrás de cada comportamiento se encuentra una intención positiva.

Para la mayoría, este principio de la PNL despierta, en una primera lectura, sorpresa, incredulidad y hasta un cierto rechazo. Si alguien es violento, ¿dónde se encuentra ahí la intención positiva? O, suponiendo que quiera dejar de fumar, ¿no es un poco absurdo pensar que mi hábito de fumar tiene una intención positiva?

Intentemos mirarlo más de cerca. En la situación en la que se desarrolla una conducta, esta tiene un efecto positivo. Si no, no se hubiese incluido en el mapa como un camino que tenía ventajas.

El fumador tuvo alguna vez la experiencia de que un cigarrillo le procuraba relajación y le ayudaba a concentrarse. En este caso, la intención positiva consiste en esa relajación y en el aumento de la concentración.

Tener en cuenta la intención positiva

Si alguien quiere conseguir que otra persona deje el hábito de fumar, debe tener en cuenta la intención positiva. Se le ha de mostrar un camino que persiga esa intención pero que no sea el que va a través del hábito de fumar. Es muy importante reconocer la intención positiva que se encuentra tras un comportamiento valorado como negativo para poder así desarrollar un nuevo comportamiento.

Si no se tiene en cuenta esta intención positiva, existirá siempre una resistencia que dificultará el cambio hacia el nuevo camino. En la PNL siempre intentaremos encontrar primero las intenciones positivas de los problemas.

El cuarto principio

Cada experiencia tiene una estructura. Normalmente tomamos nuestros pensamientos, sentimientos, recuerdos y experiencias como una totalidad. Si pensamos, por ejemplo, en nuestro primer beso, aparece por regla general un modelo de recuerdo compuesto por diferentes caras: la imagen de la persona amada, el entorno, el sentimiento del tacto, la voz, el cosquilleo en el estómago, incluso pueden aparecer determinados olores. Cuanto más intenso sea el recuerdo, más aspectos contendrá.

Así pues, cada experiencia está estructurada. Los elementos son las percepciones a través de los sentidos. Vista, oído, tacto, olfato y gusto son las fuentes de los «átomos» de nuestras experiencias.

Esto suena quizá un poco abstracto y teórico, pero las consecuencias son enormes. Si cada experiencia tiene una estructura determinada, mediante un cambio en los elementos que la componen se puede modificar su efecto global. La PNL utiliza esta posibilidad para intensificar recuerdos agradables, para hacer agradables nuevas experiencias, para neutralizar experiencias desagradables o traumáticas que intensifican nuestras angustias y para despertar las fuerzas interiores.

Reproducir una película

Imagínese una situación desagradable que haya vivido alguna vez. Reproduzca la película de esa situación en su interior. Intente imaginarla con todos los detalles que pueda. ¿Qué oye? ¿Qué ve? ¿Qué siente? Observe detenidamente la película y preste atención a sus sentimientos.

Busque una música que contradiga totalmente los sentimientos negativos. Por ejemplo, una música de cómic, de circo o para bailar. Vuelva a visualizar la película con la situación desagradable mientras deja que suene la música que ha escogido. Repítalo un par de veces.

Vuelva a visualizar la película sin la música. Preste atención a sus sentimientos.

En el 99% de los casos, los sentimientos negativos han desaparecido o se han reducido de forma clara dado que, mediante la música, se ha modificado la estructura de la experiencia.

El quinto principio

Todos los problemas tienen solución. En la PNL partimos de la idea de que cualquier problema tiene solución. ¿Le parece ingenuo?

¡En absoluto! Evidentemente, no todas las soluciones que nos podemos imaginar se pueden llevar a cabo. Sin embargo, la aparente falta de solución de un problema no se halla en el problema, sino en los caminos que somos capaces de ver. Al igual que las experiencias, también los problemas tienen estructura. Un problema es como un muro que aparece ante nosotros en medio del camino. Mientras veamos ese muro como una barrera infranqueable no podremos encontrar ninguna solución.

Sin embargo, si observamos más detenidamente ese muro podremos comprobar su altura, su grosor, el material del que está hecho, y aparecerán caminos que superen ese obstáculo. ¿Es tan alto el muro que no podemos pasar por encima? ¿Tan difícil es rodear el muro, cavar un túnel por debajo, tumbarlo de una patada o hacerle un agujero? ¿O quizá hay una puerta en el muro y sólo tenemos que abrirla para poder seguir nuestro camino?

Un problema es, de entrada, un acontecimiento en el mundo. Por sí mismo, nada de lo que acaece es un problema. El problema aparece sólo a partir de nuestra interpretación según nuestro modelo del mundo, según nuestro mapa mental. Si aprendemos esto, no podremos ver nuestros problemas como irresolubles; muy al contrario, nos dedicaremos a buscar la manera de proceder para que se disuelvan.

Cambie la orientación del problema

Déjenos volver a insistir en que en la PNL se trata de aquello que funciona y es útil. Desde este punto de vista, pregúntese qué sentido tiene creer que un problema no tiene solución. ¿Qué aporta el pensar que cualquier problema tiene solución? La PNL consiste en gran medida en cambiar la orientación hacia el problema en una orientación hacia la meta buscada.

Muchas personas están tan absortas en los problemas que la, mera idea de que cualquiera de ellos pueda tener solución les resulta incómoda. Sin el problema a modo de hilo conductor, pierden la orientación. Orientarse hacia los problemas lleva a una búsqueda activa de problemas. La orientación hacia metas lleva a una búsqueda de metas y soluciones para los problemas.

El sexto principio

Cada persona dispone de las fuerzas que necesita. Posiblemente estará pensando: «¡Ya me gustaría a mí!». ¡Pues sí, ciertamente es así! Precisamente las personas insatisfechas de sí mismas gustan de dudar de este fundamento.

Les gusta creer que la naturaleza, Dios o el destino les privó de algo. Sin embargo, toda persona dispone de hecho, potencialmente, de cualquier posibilidad. En cada uno dormitan fuerzas desconocidas. La PNL ayuda, entre otras cosas, a movilizar esas fuerzas llamadas en PNL recursos.

¿Recuerda el cuarto principio (toda experiencia tiene una estructura)? Todos los recursos de que dispone una persona se componen de la suma de los elementos que subyacen a las experiencias: a las percepciones. ¡Todo el mundo dispone de esos elementos! Esto significa que como mínimo podemos decir que toda persona posee los fundamentos de todos los recursos y que los puede organizar como elementos. Pero en verdad queremos afirmar aún más, a saber: que cada persona lleva consigo esos elementos de manera fija y acabada. Sólo el hecho de que algunos recursos se usan muy raras veces sirve a algunos de base para pensar que no posee esos recursos.

Reactivar lo enterrado

De esta manera, algunos piensan que no tienen suficiente paciencia, ninguna conciencia propia, ninguna voluntad ni fantasía. Pero ¿quién puede decir de sí mismo que nunca, en ninguna ocasión, ni siquiera durante un segundo, ha dispuesto de esos recursos? Evidentemente, nadie puede afirmar algo así. Cada uno ha dispuesto alguna vez de esos recursos. Todo el mundo ha sido alguna vez voluntarioso, paciente, y ha estado convencido de sí mismo o lleno de fantasía. Cada persona lleva consigo estos recursos. Lo que pasa es que muchos no saben cómo volver a sacarlos fuera. Mediante la PNL aprenderá a activar nuevamente los recursos que necesite.

El séptimo principio

Cuerpo y mente con partes de una cisterna. A menudo se oye la frase de que el ser humano tiene cuerpo y mente. Pero ¿no es más cierto decir que el ser humano es cuerpo y mente? La tradición occidental tiende a tratar al cuerpo y a la mente como sistemas separados. Si esto ya es bastante difícil de defender filosóficamente, en medicina y psicología ha acabado por mostrarse totalmente inútil. Hoy en día, la medicina puramente mecánica ha tocado sus propios límites.

El pensamiento que afirma que el cuerpo y la mente se encuentran estrechamente relacionados no es nuevo. Sin embargo, solo desde hace algunas décadas se investigan estas conexiones de forma sistemática. La psicosomática que se ocupa de la relación entre alma (*psiqué*) y cuerpo (*soma*) ha demostrado que muchas enfermedades no se pueden entender sólo como puramente corporales.

Como ejemplos claros de ello se encuentran el cáncer, el asma, la presión sanguínea elevada, las enfermedades crónicas del aparato digestivo o la artritis reumática.

La postura influye en la voz

Una línea de investigación todavía más reciente, la psiconeuroinmunología, se ocupa de las relaciones entre pensamientos, sentimientos y procesos corporales. Gracias a ella pareció cada vez más evidente que cuerpo y mente siempre interactúan. Hoy en día sabemos que cada pensamiento y cada sentimiento trae consigo cambios corporales. Pero también vale al revés; cada cambio corporal se refleja también en un cambio de los procesos mentales.

En la PNL, estos conocimientos desempeñan un papel muy importante. Por un lado, mediante cambios de modelos de pensamiento se modifican problemas corporales. Por otro lado, mediante el control de parámetros corporales como la tensión muscular, se ejerce una influencia positiva en los sentimientos y en los pensamientos.

Con un pequeño experimento podrá experimentarlo en su propio cuerpo.

Ejercicio: postura negativa y positiva

Pruebe la postura negativa: deje caer su cabeza y sus hombros hacia delante, tense ligeramente la musculatura del abdomen, entorne los ojos (como si algo le hubiera entrado en los ojos) y estire el labio inferior hacia abajo. Inspire poco a poco. Compruebe su estado interior. Intente pensar en algo bello, divertido, agradable. Se sorprenderá al ver que choca contra una resistencia interior que no le deja conseguirlo.

Esta postura está asociada con modelos de sentimientos negativos. La posición corporal cohíbe pensamientos y sentimientos positivos.

Ahora probemos lo contrario, la postura positiva. Relaje el abdomen, los ojos, la frente; levante la cabeza, la vista, las cejas y la comisura de los labios. Eche los hombros hacia atrás y respire varias veces. Posiblemente comprobará enseguida que esta postura atrae sentimientos positivos. En esta postura tendrá grandes dificultades para ahondar en sentimientos y pensamientos negativos.

El octavo principio

El significado de toda comunicación se encuentra en su resultado. La imagen usual de la comunicación es más o menos la siguiente: la persona A envía información y la persona B recibe esa información. Una versión un poco más complicada sería: A «codifica» la información y B la «descodifica». Sin embargo, es bastante más complicado y a la vez más sencillo.

Primero nos limitaremos a lo fácil. Reflexionemos sobre qué pasa en una comunicación (por ejemplo, verbal).

- La persona A mueve sus labios, las ondas sonoras llegan al oído de la persona B.
- Las ondas sonoras se transforman en impulsos eléctricos que se envían al cerebro de la persona B.
- La persona B reacciona o no a los impulsos. Lo esencial es la reacción de B. La comunicación tiene sentido (para la persona A) si al decir A algo, B reacciona de la forma deseada (por la persona A). Se ha dado cuenta de que no se da aquí ninguna «información»? No es de extrañar, ya que la comunicación no afecta a la transmisión de información. Este es el punto de vista del constructivismo; una línea filosófica relativamente nueva. La PNL está influida desde varios enfoques por el constructivismo.

En la comunicación entre personas con mucha frecuencia se producen malentendidos. Mientras uno piensa que ha explicado claramente una cosa («transmisión de información»), el otro habla como si no hubiese recibido el mensaje (en verdad no lo ha recibido). Y así se va gestando el desastre. Lo importante no es lo que uno cree decir sino lo que uno desea que el otro entienda.

Obstáculos de la comunicación

Un ejemplo sencillo: alguien se le acerca y dice: «¡Konichi wa!». Posiblemente se quedará un poco sorprendido y no podrá mostrar ninguna reacción adecuada. El japonés que le ha dirigido estas palabras pensaba en proferir un saludo, pero su expresión no era significativa para conseguir el resultado deseado. Hubiese sido mucho y más efectivo si le hubiese pronunciado el típico «Buenos días».

En el ejemplo, la dificultad es fácil de comprender. Sin embargo, en la comunicación diaria en la que el interlocutor aparentemente habla la misma lengua, no parece tan fácil de ver de qué manera reside el significado de la comunicación en su resultado.

El noveno principio

No existen los fracasos, sino solamente mensajes de respuesta. Uno de los mensajes más importantes de la PNL es que nunca hay fracasos. Los resultados se consiguen en el momento en que se empieza a actuar. El camino hacia el resultado sólo se puede encontrar mientras siga habiendo mensajes de respuesta que indiquen que la dirección hacia la meta es la correcta. Sólo mediante estos mensajes de respuesta es posible realizar correcciones.

Mientras una persona se encuentra en movimiento (y la vida es movimiento) se encuentra en camino hacia las metas deseadas. Todo lo que se señala como problema, obstáculo o fracaso se puede tratar de forma más significativa como mensaje de respuesta, es decir, como indicación de en qué medida deben ser efectivos determinados procedimientos para conseguir una meta concreta.

Las personas que tienen miedo a fracasar viven fracasos internamente y de manera constante. Además, con ello no hacen cosas que les podrían llevar al éxito. El miedo a la derrota es una de los obstáculos más grandes en el camino hacia el éxito.

Nuevas vías hacia la meta

Tratar las dificultades como escollos lleva a la pasividad. Tratarlas como mensajes de respuesta, por el contrario, abre nuevas vías hacia la meta. Intente vislumbrarlo mediante vivencias propias.

Todas las personas han vivido situaciones en las cuales interpretaron las dificultades como mensajes de respuesta. Piense sencillamente cómo aprendió a leer y escribir. Imagínese qué hubiese pasado si la primera vez que tuvo un libro en sus manos y vio que aquellos signos que los adultos trataban como vocales no le decían nada, hubiese vivido la situación como un fracaso y hubiese abandonado. Solo mediante constantes mensajes de respuesta ha llegado a aprender a leer y no gracias a fracasar en la tarea.

El décimo principio

Si algo no funciona, intente otra cosa. Posiblemente este principio de la PNL le parecerá innecesario ya que es obvio que se ha de probar otra cosa si una no funciona. Sorprendentemente, muchas personas son extremadamente insistentes en lo que hacen aunque es evidente que no funciona en absoluto. Hacen siempre de la misma manera algo que les resulta desagradable. ¿Reconoce este comportamiento en su propia experiencia? ¿Por ejemplo, en una discusión con su pareja, al levantarse, al conducir? Cada persona tiene automatizadas ciertas actuaciones, de tal manera que no se le ocurre cambiar su manera de actuar aunque ve que le producen desventajas.

La PNL le ayuda a reconocer y modificar comportamientos antiguos e inefectivos. En la medida en que ha empezado a leer este libro y a experimentar con los ejercicios propuestos, ya ha dado un paso al probar algo diferente a lo hecho hasta la fecha. ¡Por cierto, el último principio de la PNL se aplica también a la propia PNL e incluso a los principios básicos! Si determinadas técnicas se muestran como inefectivas, pruebe otras. Si algún principio se muestra inefectivo, modifíquelo. Si algo no funciona, pruebe otra cosa.

Anclas mentales

Una de las técnicas básicas de la PNL es el anclaje. En la PNL es importante a veces poder activar de forma rápida determinados estados emotivos complejos. No es algo sencillo, sobre todo cuando el sentimiento que se ha de activar es totalmente opuesto al actual.

Con la técnica del anclaje resulta mucho más sencillo. El anclaje tiene que ver con la relación que generamos constantemente entre acontecimientos, incluidos acontecimientos que en principio no tenían que ver unos con otros.

Activar el reflejo

Imagínese el siguiente experimento. El guía del experimento se pone delante de usted y sopla aire en sus ojos con una bomba de aire a diferentes distancias. La reacción natural es un reflejo automático, el reflejo de cerrar los párpados (que sirve para proteger los ojos). Luego, el guía coge una pequeña campana que hace sonar justo antes de que se produzca su reflejo de cerrar los párpados. Evidentemente, el tintineo de una campanilla no tiene ninguna relación con cerrar los ojos. Sin embargo, cuando tras unas cuantas repeticiones el guía sólo hace sonar la campanilla sin soplar aire a sus ojos, se activará igualmente en su cuerpo un reflejo que cerrará sus párpados.

(Si no lo cree, puede realizar este experimento en cualquier momento con otra persona.) En la PNL se diría que se ha construido un ancla mediante la cual activar el reflejo. Esto no sólo funciona con reflejos sencillos, sino también con estados emotivos.

Sentimientos felices

En este capítulo acaba de conocer una de estas anclas: la postura positiva. Esta ancla no se genera de forma artificial como el reflejo de cerrar los párpados en el experimento del ejemplo, sino de forma totalmente natural.

A menudo, los sentimientos positivos aparecieron en el pasado junto con una postura positiva. Cuando tenemos sentimientos felices estamos más relajados y respiramos más profundamente. La postura positiva es recta y relajada, facilitando una respiración más profunda. Por ello, en el caso de sentimientos felices, la postura positiva se toma en cierta medida de forma automática.

Por otro lado, en la postura positiva mejora la presión sanguínea, las funciones orgánicas y la respiración, llevando esto a su vez a percepciones corporales positivas. La postura positiva y los sentimientos de felicidad se refuerzan mutuamente. Cada vez que aparecieron juntos la postura y los sentimientos positivos se reforzó la relación entre ambos con lo que la postura positiva se fue convirtiendo en un ancla cada vez más fuerte.

La estructura de la personalidad

Normalmente nos vivimos a nosotros mismos como una unidad. Yo soy yo. Sin embargo, todos conocemos situaciones en las que esa unidad no es tan uniforme. Seguramente ha vivido alguna vez conflictos internos: quería algo y a la vez no lo quería; o quizá ha conseguido algo y al mismo tiempo es infeliz.

En la programación neurológica, un modelo que se ha mostrado como realmente práctico trata a la persona como resultado de un trabajo conjunto de diferentes «partes», «personalidades parciales» o «subpersonalidades».

El Yo son muchos

Puede imaginárselo como una pequeña empresa. La personalidad general con sus tendencias, deseos, problemas y sueños es la empresa; el Yo es el jefe, y las subpersonalidades son los empleados.

Al contrario de muchas empresas reales, todos estos empleados tienen como meta el bien de la empresa. La empresa es toda su vida, aún más que en el caso de los célebres empleados japoneses. Ellos son una parte de la empresa.

Negociar ante un desgarro interior

Este punto de vista tiene una ventaja importante. Si nos sentimos desgarrados por un conflicto interior no es fácil encontrar un camino de salida. Sólo podemos decidirnos por uno u otro. En el modelo de la empresa, el conflicto se muestra de diferente manera.

Dos empleados (subpersonalidades) quieren hacer algo por la empresa cada uno de forma distinta. Podemos averiguar qué hacen los empleados y cuál es el punto en el que no están de acuerdo. Podemos negociar entre ambos, explicarle a uno los aspectos positivos del otro y conseguir que realicen un trabajo conjunto positivo.

Tomar decisiones sólidas

El resultado de una negociación de este tipo es muy diferente al que podemos conseguir, en el caso de un conflicto interno, mediante una decisión producida por la fuerza de la voluntad. Volviendo al modelo de la empresa, esta se tornará más operativa si todos los empleados trabajan conjuntamente.

En algunas técnicas de PNL aprenderá aplicaciones prácticas de este modelo. Por si no le acaba de parecer plausible esta idea de las subpersonalidades o le resulta incómoda, déjenos insistir en ello. Se trata de un modelo. No afirmamos con ello que existan unos «pequeños hombrecillos» en su cabeza. En lugar de «partes» o «subpersonalidades» puede llamarlas «posibilidades de actuación» o «tendencias».

Integración Personal

La Integración Personal (IP) es un desarrollo posterior de la PNL que hace un uso especialmente intenso del modelo de las subpersonalidades. Es sobre todo cuando se trata de penetrar y trabajar en estructuras subconscientes o de la conciencia profunda (la parte de la mente que está directamente relacionada con los desarrollos corporales), cuando se muestran las posibilidades especiales de la Integración Personal.

Extraer el potencial de una persona

El principal objetivo de la Integración Personal consiste en conseguir (integrar) un trabajo conjunto óptimo de todas las subpersonalidades eficaces, para extraer con ello el potencial total de la persona.

Algunas técnicas que aprenderá en el capítulo práctico se originaron en la Integración Personal y vienen marcadas con la indicación «IP». Seguidamente, le presentamos de manera breve las premisas y el modelo de la personalidad que sirven de base para la Integración Personal.

La estructura del subconsciente

El modelo ilumina la estructura del subconsciente y hace inteligibles fenómenos como los conflictos internos, las molestias psicosomáticas, la intuición, la creatividad o los sueños. Su aplicación puede provocar cambios muy profundos.

Estos son los principales principios de la IP:

- La personalidad es el resultado de las tendencias de un número de subpersonalidades (SPs).
- Solo algunas SPs llegan a la conciencia (A, D, E).
- El Yo, el carácter, participa tanto en la conciencia como en el subconsciente, por lo que se verá influido por varias SPs al hacerse conscientes.
- Algunas SPs (F, G) no llegan al Yo e influyen solo de forma directa al subconsciente, aunque influyen también a otras SPs si llegan hasta el Yo.
- Algunas SPs (B, D, G) se comunican con la conciencia profunda, la cual controla funciones corporales.

2. Alcanzar objetivos

Si uno no sabe cuál es su meta es bastante difícil llegar a conseguirla. Cuanto más conozca sus metas y cuanto más consciente sea de ellas, más fácilmente llegará a conseguirlas. Por lo tanto, para alcanzar eficazmente una meta ha de conocerla con la mayor exactitud posible. Sin embargo, muchas personas no son capaces de decidir sin más una meta clara que seguir.

Una meta importante: la claridad

La claridad de una meta es muy importante, ya que si los fines son claros, se hace patente si se trata de metas satisfactorias, realizables, metas que valga la pena conseguir. En este capítulo trataremos de mostrarle cómo fijar sus propias metas, basadas en sus valores internos, mediante la PNL y cómo formular de forma clara sus metas de manera que lo racional y lo emocional entren en armonía.

Además, aprenderá cómo encontrar su «misión», su hilo vital, y cómo cambiar con su ayuda su propia vida.

Supongamos que ha hallado una o más metas importantes para su vida. Desgraciadamente, con ello aún no ha conseguido nada como bien sabrá por la experiencia que lleva acumulada.

Tiene que ponerse en movimiento y actuar. La fuerza que le pone en movimiento es la motivación. Una verdadera meta puede ser de por sí una motivación pero a menudo no es suficiente con la utilización de este recurso.

Actuar ante una motivación

Por ello se ha de fortalecer el segundo paso, la motivación hacia la meta. Queremos enseñarle cómo motivarse con la PNL de tal manera que gracias a su motivación se ponga en movimiento y no pueda hacer otra cosa que dirigirse de forma activa hacia su meta.

Ahora solo falta el tercer paso, una actuación concreta. Ya se dirige hacia su meta, pero la cuestión ahora es «cómo». ¿Cómo puede superar los obstáculos como el miedo o la falta de seguridad? ¿Cómo conseguirá desarrollar nuevas capacidades y competencias? ¿Cómo puede asegurarse el apoyo de otras personas para sus planes? En este capítulo trataremos de sus metas. En el próximo conocerá herramientas de la PNL que le podrán poner en camino para superar todos los obstáculos.

Quizá se ha marcado ya algunas metas claras. Quizá sigue buscando aún una meta que le satisfaga. Sea como sea, antes de ponernos con metas concretas ocupémonos de averiguar lo que hay detrás de las metas satisfactorias: sus valores personales.

Una meta será satisfactoria y le hará sentirse realizado si está en sintonía con sus valores. La diferencia característica entre metas y valores consiste en que los valores son siempre dinámicos, es decir, un valor no se consigue sino que se vive. Las metas son, por el contrario, estaciones en las que los valores se hacen realidad.

Los valores son la base de nuestros actos. Nuestros valores se muestran en todo lo que hacemos. Incluso en cosas tan cotidianas como comprarse un coche se observa este hecho. Aquella persona para la cual la «belleza» tiene un papel especial se fijará en un tipo de automóvil distinto a aquella persona para la cual son importantes otros valores como la «sencillez», la «individualidad» o la «seguridad».

Aunque los valores tienen un papel tan importante, a muchas personas les cuesta identificarlos de manera espontánea. ¿Conoce cuáles son sus valores exactamente?

Situaciones conscientes

Hay dos situaciones básicas en las cuales sus valores se hacen especialmente conscientes. En el caso de desacatar un valor y en el caso de llevarlo a cabo. Si en su caso determinado es un valor ser valiente, cuando se enfrente con la cobardía posiblemente sentirá fuertes emociones negativas. En una situación en la que se muestre valeroso se sentirá muy bien.

Analice sus valores según el significado que tengan para su vida, recordando situaciones (de manera que sienta las emociones y no actúe meramente como observador) en las que realizó o no sus valores. Si siente reacciones fuertes, tanto positivas como negativas, respecto a un valor determinado es que ese valor es importante en su vida.

Desatender valores centrales

Explicitar sus valores personales puede conllevar una comprensión interesante. Quizá reconoce que hasta la fecha ha desatendido algunos valores centrales o que no les ha prestado atención en absoluto. Esto podría ser una fuente de insatisfacción, vacío e incluso de enfermedades.

Naturalmente puede ampliar esta lista con otros valores que se le ocurran. Quizá el investigar otros valores le haya deparado alguna sorpresa.

Resultaría muy eficaz repasar con detenimiento los valores que se enumeran a continuación, y determinar según su juicio los valores más relevantes para cualquier ser humano.

EJEMPLOS DE VALORES

Actividad	Dignidad	Poder
Alegría	Diversión	Prestigio
Amistad	Entusiasmo	Rendimiento
Amor	Espiritualidad	Responsabilidad
Aprender	Fama	Reto
Aprendizaje	Honradez	Sabiduría
Armonía	Humor	Seguridad
Aventura	Independencia	Sencillez
Belleza	Individualidad	Servicio
Cambio	Justicia	Singularidad
Capacidad	Libertad	Suerte
Comunidad	Mejora del Mundo	Tolerancia
Conocimiento	Movimiento	Valentía
Creatividad	Orden	Verdad
Cumplimiento	Paz	

Los valores principales

Escriba cinco valores importantes de manera que los tenga de forma clara ante sus ojos. Debe encontrar estos cinco valores pero, además, debe limitarse a estos cinco aunque la elección le resulte difícil.

1. ....

2. ....

3. ....

4. ....

5. ....

Analice qué actividades (actuales, posibles, imaginadas) llevan a la práctica estos valores. Si lo desea puede hacerlo de forma metódica. Escriba los valores uno junto al otro y debajo de cada uno las actividades o roles que realiza o desearía realizar.

Ahora ponga una nota a cada actividad para cada valor (1 = muy bien, 6 = muy mal), denotando así en qué medida esa actividad es capaz de cumplir con el valor que señala.

Mire este ejemplo. Un informático de treinta y seis años, casado y con una hija, escoge como valores importantes para él los siguientes: armonía, prestigio, amor, seguridad y diversión. Junto a sus papeles principales como padre y como profesional, analiza actividades como miembro de la dirección de un centro deportivo, su actividad como músico entusiasmado y su hobby de viajar.

Valoración

En este caso es evidente que la profesión sólo cumple con un valor, la seguridad. Su hobby, la música, desempeña por el contrario un papel mucho más importante. También su actividad en el club deportivo y su vida familiar cumplen mejor sus valores que su profesión. Este resultado muestra claramente que el trabajo va a ser una fuente de insatisfacción.

Sería apropiado prestar atención a vías que realizasen el valor «seguridad» de modo distinto o buscar posibilidades de llevar los otros valores a su trabajo. Por ejemplo, podría especializarse en informática musical (que conectaría la música con su profesión).

También podría trabajar en la informática desde casa (pasando más tiempo con su familia) o fundar su propia empresa.

¿Cómo realiza sus valores?

¿Y qué tal en su caso? Escriba sus valores centrales y sus actividades en esta tabla y valore cada actividad en función del grado en el que realizan sus valores.

En la columna «rango» marque la actividad que realiza en mayor medida sus valores con un «1», la segunda con un «2», etc. (Cuente las notas de cada línea. Cuanto menor sea el resultado, mayor es el grado de realización conseguido a través de esa actividad.) Marque, además, sus mejores notas. Tómese su tiempo. ¡Vale la pena!

Actividades/Valores   **Rango**

....

....

....

....

....

Poderoso caballero es don dinero

Antes de que le enviemos a la búsqueda de una meta realmente importante, le queremos sugerir dos breves ejercicios que le ayudarán a aclarar aún más sus metas. ¿Quién no ha soñado alguna vez con que ganaba la lotería? Imagínese que ha ganado la lotería.

¿Qué es lo que haría entonces? O mejor aún, ¿qué cambiaría respecto a lo que ha estado haciendo hasta ahora?

Valórelo usted mismo

Si mediante la tabla que se encuentra más abajo suma los números de ambas respuestas, obtendrá una medida directa de la verdadera importancia que tiene el dinero para su meta actual.

Una meta que se podría realizar «quizá o de ninguna manera» si tuviese el dinero para ello, y que a la vez podría conseguir «realmente» sin dinero, no necesita de ese dinero. Si, por el contrario, pudiera conseguir su meta gracias al dinero, pero sin dinero sería imposible, el dinero pasa a ser entonces una verdadera meta.

¡Me ha tocado la lotería!
Supongamos que dispone de un millón de euros. Escriba una lista con las cosas que cambiarían en su vida y responda a estas dos preguntas:

¿En qué grado es cierto que haría esto si dispusiese de un 1 millón de euros?

1. Posiblemente, pero más bien no.
2. Quizá.
3. Posiblemente.
4. Seguro.

¿Sería posible conseguir lo mismo sin ganar la lotería?

1. Sí, en verdad sí.
2. Si me lo propongo, sí.
3. Apenas posible. Sólo mediante grandes dificultades.
4. No, sería imposible.

Escriba su necrológica

El segundo ejercicio nace de una idea de un «padre de la gestión de tiempo» americano llamado Stephen Covey: escriba su propia necrológica de forma tan macabra que parezca que va a pasar pronto y de la manera en que le gustaría oírla. Deje a derecha e izquierda un margen libre. A la izquierda escriba todas las actividades que exigen gran parte de su tiempo pero que no salen en su necrológica. A la derecha escriba, si hace falta, motivos por los cuales su necrológica no es la que hubiese escrito para sí mismo.

Desarrolle ideas que le permitan cambiar esta situación.

Encuentre su auténtica vocación

Las personas increíblemente exitosas no sólo tienen metas sino también una «misión», una vocación, una meta vital. Aquí no importa de qué manera definen estas personas el éxito. Una misión puede ser una meta vital religiosa o humanitaria como en el caso de la madre Teresa de Calcuta o de Albert Schweitzer, una de tipo artístico como la del director Steven Spielberg o la del pintor Pablo Picasso, o también una de tipo tecnológico-creativa como la de Bill Gates, el fundador de Microsoft.

Estas personas no tienen por qué ser forzosamente más capaces, talentosas, inteligentes, voluntariosas, o haber tenido más suerte que otras. Lo que han logrado es aunar todas sus fuerzas en la dirección de su meta. Y esto es exactamente lo que hace una misión.

Una misión es la conjunción de todos los valores, convicciones, intereses, deseos y metas de una persona. Una misión confiere una fuerte conciencia hacia la meta, una identidad, decisión, anhelo y entusiasmo. Dicho brevemente: una misión, una meta vital, conforman el camino principal hacia el éxito. Resulta determinante que toda nuestra energía tenga como objetivo principal la búsqueda de una misión.

Dar a la vida una dirección

A la mayoría de las personas les falta esta meta vital. No tienen ninguna misión. Tienen una profesión, un trabajo, una ocupación (aquello que deben hacer), y tienen una vida privada en la que intentan hacer lo que realmente quieren hacer, procurando realizar sus valores. ¿Se acuerda aún del ejemplo del informático? En su caso, a través de su trabajo sólo podía llevar a cabo uno de sus valores: la seguridad. Y sin embargo, de-

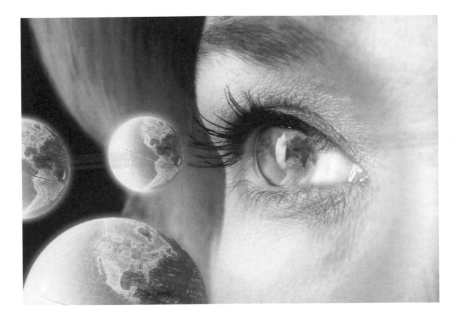

dicaba la mayor parte de su tiempo a esa ocupación. A muchas personas les pasa lo mismo.

Pero no a todas. Aquellas personas que alcanzan realmente el éxito (según sus propios criterios y no según los de otros) han conseguido dar a su obligación y a su deseo una misma dirección.

No diferencian entre trabajo y diversión. Hacen aquello que les llena y por ello se entregan con todo el corazón y tienen tanto éxito.

Cumpla sus sueños

Ya debería estar bastante claro qué es lo que le queremos decir. Lo mejor que puede hacer es averiguar su meta vital, su vocación, su misión. Una profesión, un trabajo, no son suficiente.

Nuestra experiencia nos dice que ahora dirá algo como: «Muy bien, esto suena genial. Pero no es para mí. Esta meta es demasiado alta. Yo no puedo llegar ahí». Eso es absurdo. Evidentemente que puede encontrar su misión. Claro que tiene la posibilidad de escoger: puede seguir como hasta ahora o puede dar a su vida una dirección y realizar sus sueños.

Naturalmente que no queremos ponérselo fácil para luego dejarle solo. Le enseñaremos también cómo encontrar su misión. Para ello, en las siguientes dos páginas le mostramos un ejercicio muy importante. Tómese el tiempo que necesite para buscar su misión. ¡Vale la pena!

Evite las misiones demasiado ambiciosas

Una misión puede ser grande, incluso gigante. Pero no debe ser nunca desalentadora. Una misión no es algo que tenga que conseguir forzosamente, sino algo que dé sentido y finalidad a su vida, que le conduzca a su camino vital y que aúne todos sus valores, intereses y deseos.

Una misión es algo que puede conseguir y que le aportará una ganancia segura. Es algo que ha de buscar si verdaderamente desea tener éxito en su vida. Póngase en camino hacia la interesante búsqueda de su misión personal. El siguiente ejercicio le ayudará a hacerlo.

Busque su propia misión

- Valores y sueños: vuelva a fijarse en sus valores centrales. ¿Qué es lo que podría realizar realmente todos sus valores? No se ponga aquí ningún límite. Sencillamente, sueñe. ¿Quiere llegar a ser cosmonauta, director, rey, presidente, jefe de una empresa importante, descubridor? ¿Desea salvar a especies en extinción, ayudar a personas enfermas, erradicar el hambre en el mundo? Escriba una lista con las actividades que sueña realizar y los valores que realizan.

- Capacidades y plenitud: reflexiones sobre aquellas cosas que le han producido sentimientos de plenitud en su vida. Cuando haya encontrado algo, intente imaginarse una película en su interior en la que revive esa situación y los sentimientos positivos que le traen de nuevo. Colóquese en la película, deje que los colores brillen e introduzca una música adecuada. Ponga por escrito la situación.

- Todo lo que puede hacer: haga una lista de sus capacidades. Escriba todo lo que se le ocurra. Todas las capacidades cuentan. Subraye las capacidades que le han colocado en las situaciones que ha recordado en el punto anterior.

- Capacidades y sueños: escriba las capacidades que necesitaría para llegar a las metas soñadas que ha descrito en el primer punto. ¿Cuáles de esas capacidades ha escrito ya? Agrupe esas capacidades.

- Ayuda del subconsciente: déjese ayudar por su subconsciente en la búsqueda de su misión. Formule una frase que describa su misión.

- Un axioma para la misión: un axioma de este tipo resume su «disposición» de forma precisa. Por ejemplo: «Mi familia es la que me hace sentir plenitud. En la medida en que favorezco la felicidad de aquellos a quienes amo, abro la fuente de mis energías», o también «Yo soy artista. En el perfeccionamiento de mi arte es donde encuentro mi grandeza», etc.

Si ya ha encontrado un axioma, dígalo un par de de veces en voz alta. Quizás sienta un sentimiento profundo, cálido, vibrante, feliz en su interior, una señal manifiesta de que se encuentra en el mejor camino hacia su misión.

Errare humanum est

Si en este primer intento no ha encontrado una meta vital convincente, no se frustre por ello. Siempre puede volver otra vez a realizar el ejercicio. A lo largo de este libro recibirá muchas sugerencias nuevas, una gran cantidad de ejercicios interesantes, para realizar, y conseguirá familiarizarse con la increíble fuerza que lleva dentro. Por lo tanto, como muy tarde entonces se encontrará con su misión, su meta vital.

Los fundadores de la organización internacional Greenpeace sabían de sobra que no conseguirían llevar a cabo en su vida la meta vital que perseguían, alcanzar un mundo en el que la humanidad no destruyese más la naturaleza. Sin embargo, son obvios los logros conseguidos por esta misión. En 1971 se fundó Greenpeace en Vancouver. Hoy, Greenpeace tiene unos cinco millones de miembros repartidos en más de 150 países y es una organización conocida en el mundo entero que ha aportado mucho para conseguir un cambio de mentalidad ecológica en muchas personas.

¿Cómo lograrlo?

Los ejemplos que hemos señalado hasta ahora muestran de forma clara aquello que pueden llevar a cabo las personas que tienen una misión. Sin embargo, una misión, una meta vital, es algo totalmente privado y no ha de tener forzosamente unas dimensiones tan grandes.

Personas realmente felices y exitosas las hay en todos los ámbitos de la vida. No es el qué sino el cómo lo que convierte a algo en una misión. Un artesano puede marcarse como meta vital perfeccionar sus capacidades, tener contentos a sus clientes y hacerse admirar y estimar gracias a su afabilidad y fiabilidad.

La misión de una madre puede ser educar a sus hijos como personas felices, autónomas, llenas de amor y de optimismo. Una meta vital es algo que puede enriquecer su vida de manera increíble.

Pero no lo es todo. Seguro que tiene muchas metas pequeñas que desea conseguir. En la imagen ideal, una meta ayuda a la consecución de su misión. Pero vamos a dejar eso de lado y concentrémonos en ver cómo conseguir esas metas, ya sean grandes o pequeñas, de forma efectiva.

Conozca la meta y cómo alcanzarla

Ya lo hemos dicho una vez, pero no nos cansaremos de repetirlo porque es realmente importante: cuanto más conozca su meta, más fácil será que la alcance. Por regla general, las personas creen conocer bien sus metas. En realidad sólo son imaginaciones poco exactas lo que domina en el ámbito de las metas.

En la PNL es muy importante una determinación exacta de las metas. Dado que los cambios que se pueden conseguir mediante la PNL son muy amplios, es importante aclarar con exactitud si la meta que hay que seguir es la que se debe buscar. Por ello, antes de cualquier intervención de la PNL es necesaria esa determinación de la meta. De esta manera, la meta queda tan claramente definida que el camino que hay que seguir para llegar a ella se hace evidente y se pueden prever posibles obstáculos.

Los practicantes de la PNL llaman a una meta que se describe con claridad una meta bien formada o Wellformed Outcome.

Método PNL: Wellformed Outcome

Aplicación: determinación de la meta.

1. ¿Cuál es la meta?
2. Concreto, ninguna negación, ninguna comparación, planificación temporal, competencia propia.
3. ¿Qué valores realiza la meta?
4. ¿Cuáles son las características de la situación final?
5. Actividades, sentimientos y representaciones específicas.
6. ¿Qué ha cambiado en la vida tras la consecución de la meta?
7. ¿Qué pudo haberse perdido tras la consecución de la meta?
8. Consecuencias negativas, excepciones.
9. ¿Qué recursos son necesarios para conseguir la meta?
10. Experiencias positivas, conocimientos, capacidades.
11. ¿Cuál es la razón para no empezar ahora mismo a buscar la meta?

Paso a paso hasta llegar a la meta

En la sinopsis de los métodos de la PNL (como aquí en el caso de la Wellformed Outcome), resumiremos siempre lo esencial y, para que la totalidad no suene demasiado abstracta, aclararemos con exactitud los diferentes pasos.

Para que pueda imaginarse de manera concreta cómo ha de actuar en la Wellformed Outcome, tomaremos como ejemplo la determinación de una meta: «Quiero aprender a tocar el piano».

No obstante, es oportuno que escoja al mismo tiempo su meta personal.

Determinar la meta

La primera pregunta

¿Cuál es la meta? La primera determinación es, por lo general, poco concreta. ¿Qué significa en el ejemplo «aprender a tocar el piano»? ¿Se trata de un concierto de Rachmaninow o de una cancioncilla?

Si no determina de forma concreta su meta, no podrá saber nunca si la ha conseguido o no. También es muy importante que formule su meta de manera positiva.

No diga, por ejemplo, «No deseo comer tanto». Con ello solo se lo pone más difícil ya que así siempre tiene en la cabeza aquello que no quiere hacer. Es mejor que diga: «Quiero adelgazar». Y aún sería mejor si dijese: «Voy a adelgazar», ya que no quiere solamente tener el deseo de conseguir algo, sino conseguirlo.

Evite las comparaciones

Un típico fallo que aparece a menudo a la hora de determinar una meta son las comparaciones. Si dice, por ejemplo, «quiero volverme más seguro», surge la pregunta: «¿Más seguro que quién o más seguro que qué?». La mayoría de las veces se pretende decir: «Más seguro de lo que soy ahora», con lo que tenemos el mismo problema que en la formulación negativa: para poder determinar si deviene una persona segura de sí misma tiene que mantener en la cabeza una imagen de sí misma como persona con poca seguridad en sí misma.

¡Deje este tipo de formulaciones! Es mejor decir: «Voy a volverme más seguro en mí mismo». En relación con la pregunta «¿Cuál es la meta?» se encuentra también el tema del tiempo necesario para llevarla a cabo. Si formula su meta sin un período de tiempo (o sea, cuando ha de haber alcanzado su meta), posiblemente se encontrará siempre en camino hacia su meta, pero no llegará nunca.

Si hoy dice: «Me gustaría visitar alguna vez el cabo Norte», esto será cierto también dentro de cincuenta años. Diga mejor: «Como muy tarde en el año X habré visitado el cabo Norte». Dentro de dos años puede comprobar si ha cumplido su objetivo.

También es muy importante que pueda conseguir su meta mediante sus propias posibilidades; es decir, «Yo voy a conseguir...» y no «Yo quiero conseguir...». Si se coloca a sí mismo como meta, «Quiero que mi marido / mujer me trate con cariño», pierde el control de la situación. Puede cambiarse a sí mismo, puede colocarse también como meta, hacer algo que aumente la probabilidad de que las otras personas reaccionen de otra manera, pero no puede cambiar a otras personas. En definitiva, una buena meta ha de tener las siguientes características:

- Ha de ser concreta.
- Se ha de formular de forma positiva y no ha de contener ningún tipo de comparación.
- Ha de tener un período de cumplimiento fijo.
- Ha de realizarla mediante sus propias cualidades.

En nuestro ejemplo, una buena respuesta a la pregunta «¿Cuál es la meta?», sería: «Voy a tocar como mínimo cuatro piezas de piano breves, sencillas y conocidas. Las tocaré como mínimo tan bien como para que mis amigos que saben de música queden satisfechos. Voy a conseguir esta meta en dos años».

En nuestro ejemplo aparece un problema que hemos de tratar con más detenimiento. El período de dos años es demasiado grande.

De entrada, esto no es muy importante de cara a la determinación de la meta, pero es mejor que la dividamos más tarde en pequeñas partes para recibir un feedback más rápido con relación al éxito obtenido. En la PNL se llama a esto (*chunking*, es decir, «dividir en partes»).

La segunda pregunta

¿Qué valores realiza la meta? Evidentemente, cualquier meta que se proponga realiza cualquiera de sus valores. No obstante, es importante que sea consciente de cuáles son los valores que realiza una determinada meta, ya que así le será fácil ver si la meta fijada no representa de forma efectiva sus valores.

Del mismo modo, en el caso de la publicidad se insinúa que con la compra de una determinada cosa (por ejemplo, un coche elegante) ganará en prestigio. El prestigio es un valor importante para muchas personas. La publicidad es efectiva porque materializa un valor. Evidentemente, esto no se dice de forma directa y apenas se aprecia conscientemente. Si desea comprar un coche y es consciente de que lo hace para ganar prestigio, posiblemente se le ocurrirá que hay infinidad de caminos bastante más eficaces para materializar ese valor.

El ejemplo

En nuestro ejemplo esto se diría así: «Gracias a tocar el piano se materializarán varios de mis valores centrales: belleza, prestigio, reto y diversión». Aquí se ve cómo, mediante la realización de la meta, se pueden conseguir incluso varios valores.

La tercera pregunta

¿Cuáles son las características de la situación meta? Hasta aquí ya está determinado qué se ha de entender por meta. Ahora vamos a aclararle cómo puede asegurarse de que ha alcanzado la meta o no.

De entrada, esta pregunta también parece fácil de contestar. Sin embargo, en la PNL queremos saberlo con exactitud. La meta ha de estar absolutamente anclada en la conciencia y en el subconsciente.

Primero fíjese en qué actividades realiza una vez conseguida su meta. ¿Qué hace en el momento en el que ha llegado a su meta? Una pregunta estrechamente ligada a ésta es la siguiente: ¿Qué sentimientos le mueven en el momento en el que ha alcanzado su meta?

Imagínese ese estado con toda la exactitud posible, con todos los detalles. Piense también en las representaciones específicas de los sentidos (¿qué impresiones visuales, auditivas, cinestéticas, olfativas y gustativas están ligadas a la situación meta?).

El ejemplo

En nuestro ejemplo, la respuesta podría ser: «Toco en una fiesta privada con buenos amigos. Oigo el sonido del instrumento, las voces de mis amigos, veo el teclado, las notas, a los oyentes. Me siento estupendamente y me alegro de poder aportar algo bonito a la fiesta.

Oigo mis primeros aplausos y estoy orgulloso de mí mismo.

La cuarta pregunta

¿Qué ha cambiado en su vida tras conseguir su meta? No vale la pena dedicar trabajo a una meta que no vaya a aportar algo nuevo a su vida. Piense en qué cambiará su vida una vez haya conseguido su meta. Justamente, las metas ligadas a compras sólo son interesantes hasta el momento en que ya las ha llevado a cabo.

Realmente cambia algo en su vida después de haberse comprado un coche, un televisor o un ordenador? Podría darse el caso de que sí, pero normalmente no es así.

El ejemplo

En nuestro ejemplo: «Tengo un hobby que me aporta mucha alegría. Constantemente aprendo algo nuevo que puedo aplicar enseguida. Con la música compenso la dificultad de mi trabajo y esto hace que me sienta más alegre».

La quinta pregunta

¿Qué pudo haber perdido al conseguir la meta? Una determinación bien hecha de la meta debería mostrar también las consecuencias negativas que comporta la búsqueda de esa meta. Piense en aquellas cosas de las que puede carecer o que perderá si se pone en camino hacia esa meta. También es importante que se cuestione si hay situaciones en las que no podrá utilizar comportamientos o capacidades nuevos. Si, por ejemplo, se marca la meta de ser energético y firme, esto puede resultar un poco problemático en el momento de entablar discusiones críticas con su jefe.

Pregúntese también qué es lo que no podrá hacer una vez alcanzada la meta. No descuide las preguntas referentes al lado oscuro de su meta. Piense como mínimo en tres consecuencias negativas aunque no le resulte fácil hacerlo. Una vez hecho esto, piense cómo podrá sobrellevar esas consecuencias.

En la PNL, el examen de las consecuencias negativas que puedan aparecer se llama «Eco-Check», ya que investiga la ecología (los efectos secundarios e interacciones dentro del todo) de un cambio.

El ejemplo

En nuestro ejemplo: «Tengo poco tiempo para otras cosas. Molestaré a mi familia y a mis vecinos con mis ejercicios. Tendré que aprender también a soportar la frustración.

«Las clases de piano son caras. Tengo el dinero y el tiempo necesario para dedicarlo. Colocaré el piano en el sótano o me compraré un teclado electrónico. Con las técnicas de la PNL que aprenderé en este libro, aprenderé también a sobrellevar las frustraciones.»

La sexta pregunta

¿Qué recursos necesita para alcanzar la meta? Para llegar a la meta de forma eficaz es necesario que indague cuáles son las capacidades y fuerzas necesarias. Busque la experiencia de referencia positiva correspondiente así como los conocimientos y capacidades necesarios para cada recurso que necesite.

Renueve en su mente sus experiencias positivas. Fortalezca si es preciso los sentimientos positivos mediante cambios en las submodalidades, y reviva las experiencias de referencia asociadas (implicándose emocionalmente). Reúna todos los recursos que necesite y coloque un ancla. La mejor manera es hacerlo con un movimiento característico, por ejemplo, cerrando un puño y alzándolo por encima de la cabeza. Es importante que utilice la misma ancla para todos los recursos y que el ancla se fije de manera emocionalmente positiva. De esta manera puede activar estos recursos mediante la colocación del ancla.

El ejemplo

En nuestro caso los recursos podrían ser: «Necesito... gozar de la música, algo de paciencia, la capacidad de decir no de vez en cuando a otras actividades cuando estoy practicando».

La séptima pregunta

¿Cuál es la razón para no ponerse ya en movimiento hacia su meta? Esta es la pregunta final que le muestra si está verdaderamente preparado para su meta o si necesita aclarar algo antes de ponerse en camino.

Por ejemplo, quizá en el transcurso de esta técnica de la Wellformed Outcome se da cuenta de que ha de trabajar algunos recursos antes de ponerse en camino hacia su meta.

Pero también puede ser que tras ponderar todos los pros y los contras ya no haya nada que entorpezca el camino y que sólo le reste comenzar a actuar.

El ejemplo

En nuestro ejemplo, la respuesta sería: «No hay razón para no empezar ahora mismo a acercarme a mi meta. Hoy mismo buscaré un profesor de piano y compraré las partituras que quiero tocar».

La claridad refuerza la motivación

Ahora ya ha formulado su meta con claridad. Posiblemente ha podido comprobar que ya sabe bastante más sobre su meta. Es de suponer que ahora está aún más motivado para dirigirse hacia ella. Una determinación de la meta es algo más que una definición y una formalidad aburridas. Una vez que tiene su meta ante los ojos, una vez que sabe qué ha de cambiar positivamente en su vida y que podrá alcanzar su meta con sus propios recursos, entonces está verdaderamente motivado. Y la motivación es lo más importante cuando ya sabe hacia dónde quiere ir. Por ello vamos a hablar un poco más sobre motivación y sobre cómo fortalecerla.

¿Qué mueve al espíritu?

El término «motivación» o «motivo» viene de la palabra latina *motivus* o *motus*. Nada ni nadie se mueve sin motivación. Y no sólo eso; sin motivación no se puede hacer nada. Es imposible imaginarse que se hace algo sin una razón para ello, por inconsciente o absurda que sea.

Cuanto más fuerte sea el móvil, el motivo, más energética y fuerte será la acción que provoca. Cuanto más fuerte sea la motivación, más energías se movilizarán. Y cuanta más energía tenga, más fácil le resultará actuar.

El dinero, motor de motivación

Un motivo bastante común es el dinero. Si le pedimos que vaya dos veces tan rápido como pueda a buscar su libreta, es muy probable que no lo haga. En cambio, si le ofrecemos 1.000 euros, se animará más prontamente a hacerlo. Y si le ofrecemos 10.000 euros por cada segundo gane por debajo de 10 minutos, seguro que batirá corriendo su propia marca. Desgraciadamente no pasa muy a menudo, o incluso nunca, que uno reciba una oferta de este tipo.

¿Cómo conseguir motivar?

¿No sería bonito que pudiese influir sobre su propia motivación? Si fuera así, prácticamente todo sería posible. Pues en verdad puede aprender a aumentar su motivación independientemente de la meta de la que

se trate; tanto si es grande como si es pequeña. Por ejemplo, fregar los platos. En este capítulo aprenderá cómo conseguirlo.

Pero antes, un par de observaciones sobre la motivación. Hay dos tipos básicos de motivación que seguro que ya conoce.

Primer tipo: la motivación de huida

La motivación más típica es el dolor. El dolor es una señal clara de que se debe cambiar algo. Este tipo de motivación es común a todos los seres vivos. Incluso las formas más primitivas de vida pueden verse motivadas a la huida si se les hiere.

Además, la motivación de huida es la clase de motivación más recurrente en el ámbito psicológico. La mayoría de las personas empiezan a realizar cambios cuando el estado actual se vuelve excesivamente desagradable. ¿Quién se pone a dieta si está delgado?

Cuanto más incómodo se hace el propio peso y más aprieta la ropa, más fuerte es la motivación para adelgazar.

La motivación de huida es de gran importancia biológicamente hablando. Sin la reacción de huida, un organismo no podría sobrevivir al dolor. Sin embargo, la motivación de huida tiene un par de serios inconvenientes.

Inconvenientes de la motivación de huida

El inconveniente más importante es que la motivación de huida actúa de forma no dirigida. La motivación de huida concede a uno la fuerza para salirse de una situación desagradable, pero ¿hacia dónde? La acción que provoca una motivación de huida suele llevar a situaciones aún más desagradables que la de partida. El ejemplo paradigmático es la huida hacia las drogas. Ciertamente, así se consigue la huida de una cotidianidad inaguantable, pero no se puede decir que con ello se produzca una mejora.

Otro problema de la motivación de huida es que se presta más atención a lo que resulta desagradable. La energía que es necesaria para esa atención falta entonces para dedicarla a las metas positivas.

Por lo tanto, hemos de tener claro que la motivación de huida puede cobrar mucho sentido sobre todo porque tiene como efecto el ponernos en movimiento, pero también conlleva problemas.

Segundo tipo: la motivación hacia la meta

El segundo tipo de motivación es la motivación hacia la meta. Una meta promete la realización de los valores personales y actúa como un imán. Si este imán es suficientemente fuerte, atrae de tal manera que no se puede dejar de ir hacia él. Si, por el contrario, el imán no es tan fuerte, como mínimo facilita el movimiento y ofrece una orientación. La motivación hacia la meta presupone un cierto grado de conciencia y previsión. Se ha de tener una idea de las ventajas de determinada meta para verla como tal. A nivel psicológico, una motivación hacia la meta es mucho más eficaz que una motivación de huida.

Increíblemente, la mayoría de las personas no son conscientes de las tragedias que conlleva. Niños maltratados, trabajadores enfermos a los que se les amenaza con el despido, guerras que los dictadores emprenden. Lo interesante es que, además, en estas situaciones, para hacer entrar a alguien en razón (un niño, un empleado, un dictador) se utilizan medios totalmente irracionales.

En todos estos ejemplos, la motivación es el castigo. Pero la motivación de huida no tiene dirección y por lo tanto no apunta a ninguna meta. A la larga es más lógico y más efectivo determinar una meta que asustarse de algo.

No reflexione constantemente

¿Es cierto que la motivación hacia la meta es siempre más efectiva que la motivación de huida? No, ya que la motivación de huida es un mecanismo biológico básico y la mayoría de las veces tiene mucha fuerza. Además, necesita muy poca acción consciente y funciona bastante rápido. Sólo hace falta que ponga la mano sobre un quemador caliente y comprenderá lo que queremos decir.

Un inconveniente de la motivación hacia la meta es que carece de suficiente flexibilidad. Un obstáculo entre la situación de partida y la meta lleva a menudo a una pérdida de motivación; se pierde de vista la meta.

Motivaciones trabajando al tiempo

Ambas formas de motivación tienen su justificación y se complementan mutuamente. Por ello lo más apropiado es que ambas motivaciones trabajen al mismo tiempo.

Esto significa que, ante todo, debe utilizar la energía que le aporta una motivación de huida para buscar una meta. Antes de alejarse de algo debería pensar hacia dónde quiere ir. Supongamos que quiere dejar de fumar. Quiere dejar la nicotina y el alquitrán.

Como motivación de huida es muy buena, pero mientras no sepa hacia dónde quiere ir (dejar de fumar no es aún ninguna meta), le será difícil conseguir un efecto duradero en su abstinencia del tabaco.

Marque una dirección a su motivación de huida

Puede determinar una conexión de motivaciones de este tipo para cualquier situación concreta. Pero también puede crear una conexión más duradera a la que podemos llamar motivación de goma elástica. Se fija mentalmente una goma elástica en la meta, que le atraiga hacia ella. Cada obstáculo y cada situación desagradable disparan una motivación de huida, pero ninguno sin una dirección concreta. La goma elástica da instantáneamente una orientación y una energía orientada a la meta a la vez que permanece flexible. La goma flexible de la analogía corresponde a la frase «mantener la meta presente». La mejor meta en la que colocar la goma elástica es aquella que le marque la dirección para todas sus metas; es decir, su meta vital, su misión.

Ya ha llegado el momento de darle indicaciones prácticas de cómo colocar esa goma elástica, de cómo fortalecer su motivación para poder utilizarla de la forma más apropiada.

¿Qué es lo que le motiva?

¿Se acuerda de aquel principio de la PNL que afirmaba que toda experiencia tiene una estructura? Pues esto vale también para la motivación. Si conociera la estructura de su motivación, podría determinar qué falta en una meta o en una actividad que le motiva, a la vez que, posiblemente, podría aportar aquello que falta. La PNL le ofrece realmente esa oportunidad. Primero queremos mostrarle un ejercicio a través del cual podrá encontrar las características que ha de tener una actividad, una situación o una meta para que le motiven.

Estas características son los motivadores.

Siga sus propias reglas

Con ayuda de algunos de los ejercicios citados podrá encontrar su motivación así como mejorar la motivación para cualquier meta deseada. Ya que ahora sabe cuáles son los elementos de su motivación, puede enriquecer cada imagen mental de una meta con estos elementos. Dado que en el ejercicio anterior ha determinado las cualidades que componen la estructura de su motivación, cualquier imagen que tenga esa estructura podrá motivarle.

Con esta fantástica posibilidad podrá hacer que resulte más fácil cualquier actividad. Por cierto, también puede utilizar este método para fortalecer una motivación de huida. Sencillamente, tiene que extraer los motivadores de una imagen interna, es decir, cambiando las submodalidades. Esto puede ser de utilidad, por ejemplo, a la hora de hacer más llevadera una pérdida.

Cómo conseguir la motivación

- Busque un suceso de referencia que le motive con fuerza. Seguro que alguna vez en su vida ha hecho algo que le resultaba desagradable o pesado pero que lo ha hecho igualmente con ganas porque estaba motivado. Por ejemplo, montar una fiesta, entrenar para un campeonato o una marcha por las montañas.
- Imbúyase en la estructura de esa experiencia. Imagínesela como una película que pasa ante sus ojos. Preste atención a las diferentes submodalidades. ¿Cuáles son los colores predominantes? ¿Es brillante la imagen? ¿Ee estática o hay movimiento? ¿Que sonidos, ruidos o voces están relacionados con ella?
- Es muy importante que tenga ya el sentimiento positivo de la motivación (el que asocia a la película, o sea, que intente revivir ese suceso mientras lo ve). Si no nota ese sentimiento, posiblemente no es ésta la película de un suceso de referencia que motive, sino sólo una experiencia reconstruida desde fuera (disociada). Intente traer a la memoria el sentimiento de motivación y compruebe qué cambia ahora en la película.

- Vuelva al presente (*separator state*). Abra los ojos, mire a su alrededor y respire profundamente unas cuantas veces. Esta interrupción de una visualización o recuerdo se utiliza en la mayoría de técnicas de la PNL para pasar de un estado de sentimiento intenso a uno neutro. En la PNL, el estado de sentimiento neutro se llama «estado de interrupción», o en inglés *separator state*.
- Busque un suceso de referencia neutro. Piense en una actividad, una situación o una meta que no le despierta sentimientos positivos. Imbúyase en la estructura de esta experiencia. Vuelva a pasarse una película de este suceso y preste atención a las submodalidades que juegan en él.
- Vuelva al presente (*separator state*).
- Compare las estructuras de ambas experiencias de referencia. Este es el punto decisivo: mediante la comparación de las submodalidades averigua sus motivadores. ¿Cuál de las referencias era más brillante? ¿Cuál tenía más color? ¿De qué manera se diferencian entre sí respecto a los colores? ¿Cuál era más ágil, mayor? ¿Cómo se diferencian en cuanto a los canales auditivo y cinestético (o incluso olfativo/gustativo? Ponga por escrito todas estas diferencias.
- Ponga a prueba sus motivadores. Vuelva a traer a la memoria la referencia motivadora. Intente modificar cada vez uno de los motivadores. Si a causa de ello se pierde el sentimiento de motivación, queda comprobado el motivador. Si no cambia es que no se trata de un motivador.

Las imágenes motivadoras

Algunos motivadores son comunes a la mayoría de personas. Así, las imágenes motivadoras son por lo general más brillantes que las que no lo son. En el siguiente ejercicio vamos a averiguar juntos cómo puede actuar para elevar su motivación de cara a una meta. Con un refuerzo de la motivación de este tipo ya podrá conseguir resultados.

Una buena motivación le pone en camino, pero de vez en cuando ocurre que la motivación se reduce; no se ha alcanzado la meta y aún queda un largo trecho. Las ganas de actuar se duermen.

Los psicólogos llaman a esto frustración. No conseguir una meta es una decepción. Si uno se decepciona muy a menudo, la meta se asimila con pensamientos negativos (la decepción) y esta empieza a aparecer menos atractiva hasta que la motivación se reduce a cero.

En el apartado sobre los principios de la PNL ya hemos citado algo esencial sobre este tema. Es importante aprender que no hay derrotas sino sólo *feedback*. Evidentemente, esto es demasiado básico como para ser de ayuda de inmediato, pero llevado a la práctica, puede tomar esta forma: se lo puede poner más fácil si mantienen las frustraciones a un nivel tan reducido que le sirvan como indicadoras del camino pero que a la vez no le desmotiven.

Perseguir las metas paso a paso

¿Se acuerda aún de la técnica de la PNL para la determinación de metas, la Wellformed Outcome? En nuestro ejemplo, la meta era aprender a tocar el piano. Habíamos topado con un problema de tiempo. La determinación de la meta estaba bien hecha y era clara, pero el período de dos años era demasiado grande.

Ciertamente, el tiempo necesario para alcanzar determinadas metas es grande. No tiene sentido pretender aprender a tocar el piano en una semana. Por ello hemos continuado también la determinación de la meta con ese ejercicio.

Para conseguir que no se pierda motivación a lo largo del camino se necesita un truco adicional. Este truco es muy sencillo y es aplicable a cualquier meta que no pueda conseguir en poco tiempo. Divida el tiempo necesario en partes más pequeñas.

Fortalecer la motivación con submodalidades

- Busque una meta. Debería poder realizarse hoy o mañana. Para este ejercicio es importante que esté un poco motivado a fin de alcanzar esa meta pero no tanto como para que su fuerza llegue a ser suficiente para conseguirlo sin esfuerzo.
- Hágase una imagen de la meta y del camino que lleva a ella. Igual que en el ejercicio anterior, intente imaginárselo como una película que le muestra cómo llegar a su meta.
- Modifique submodalidades centrales usuales: luminosidad y colorido. Intente añadir brillo y color a su película.
- Tamaño: aumente la imagen de manera que llene su campo de visión.
- Movimiento: fíjese en los movimientos con un tempo intermedio.
- Auditivo: deje sonar una música armónica sobre ese tempo intermedio que tiene la película.
- Cinestético: añada a la película un ligero sentimiento de relajación, de respiración deshinhibida y un pequeño movimiento corporal.
- Repita varias veces la visualización de la película. Introduzca sus motivadores personales.
- Pruebe su motivación con relación a la meta deseada.
- Piense en su meta. ¿Nota cómo la meta le atrae con más fuerza y le activa de manera que siente la necesidad de actuar? Si no ocurre así, vuelva al punto tres para fortalecer la motivación. Si, por el contrario, desea ya actuar, ¡hágalo!

Las partes y el todo

Una vez definida una meta de forma clara y completa, no tiene sentido cambiar nada. Sin embargo, podemos dividirla en pequeñas partes. En la PNL se le llama a esto *chunking*.

Una meta motiva aún más si se le añaden buenos sentimientos. A través de continuas frustraciones (que aparecen forzosamente en el caso de metas que se encuentran demasiado lejos) se reduce constantemente la motivación. Para que una meta le motive necesita tener compensaciones. Sólo en el caso de metas con una motivación extrema esta puede permanecer tan alta que le permita seguir sin desviarse del camino. Evidentemente, siempre puede fortalecer su motivación a base de enriquecer sus actividades con los motivadores. Pero a la larga la frustración constante se hace insoportable.

Divida el gran bloque

Por el contrario, si divide una meta en pequeños trozos (*to chunk*), siempre conseguirá pequeños éxitos a medida que alcance las metas pequeñas. Experimentará así una satisfacción gratificante.

Nosotros, por ejemplo, estamos muy motivados para nuestra meta; escribir este libro realiza muchos de nuestros valores, está definido con claridad y tiene un período de realización determinado. Al principio, y aún ahora, nuestra meta queda muy lejos. Por ello hemos determinado *chunks*, es decir, pequeñas metas. Cada una de ellas consiste en escribir como mínimo cuatro páginas al día.

Obtenga impulso mediante gratificaciones

Claro que aparecen frustraciones continuamente, pero cada día recibimos la gratificación de haber escrito cuatro páginas más y de estar cada vez más cerca de nuestra meta. Esto hace que nuestra motivación sea cada vez más fuerte. El *chunking* lo puede aplicar para cualquier meta que se proponga. Las partes no tienen que ser como en nuestro caso, todas iguales, ni tampoco tiene por qué conocer de antemano todas las partes de las que se compone el camino. Lo importante es que cada meta temporal le acerque un poco más a su meta.

Entender el camino para alcanzar la meta

Contemple estas dos maneras de entender un camino y una meta: La primera variante muestra la forma típica. En A se encuentra el principio y B es su meta. Su camino es el movimiento de A hacia B. Entre el punto de salida y su meta se encuentra un espacio que hay que superar. El camino es, por decirlo así, lo que le separa de su meta.

La segunda variante describe la misma realidad pero de una manera totalmente distinta. El principio y la meta están comprendidos en el camino. Meta y punto de partida no son sino puntos especiales en el camino. El camino es la meta.

Una carrera de obstáculos

Si ha encontrado su misión, su meta vital, este será también su caso. Su camino se transforma en su meta y experimenta una constante satisfacción en lo que hace.

Pero si el camino que es ahora la meta no es suficientemente flexible, un gran obstáculo podría romperlo debido a frustraciones, desengaños o falta de ánimo.

En el fondo, este libro, la PNL en general, sirve para construir una motivación flexible y para ampliar sus posibilidades de actuación.

El siguiente ejercicio le ayuda de forma directa porque le permite crear conexiones entre su día a día y su meta.

Anclar la orientación hacia la meta

Cuantas más veces lleve a cabo este ejercicio y cuanto más intensamente lo realice, más estable será su conexión con la meta. La meta se convertirá en una parte esencial de su vida diaria. Y cuanto más relacionada esté su meta con su vida diaria, mejor podrá seguir los pasos que le llevarán a su meta, llegar a ser uno con ella y alcanzarla.

- Vaya hacia la situación meta. Construya una imagen mental (su película) de la meta. Fortalezca las modalidades motivadoras e intente despertar tan fuerte como pueda los pensamientos o sentimientos positivos ligados a esa meta.

- Ancle la situación meta. En el momento en que los sentimientos y la imagen de la meta son más fuertes, coloque un ancla mediante un movimiento o una posición totalmente ideritificable. Por ejemplo puede presionar el pulgar contra el dedo índice o adoptar la postura positiva.

- *Separator state*: interrumpa la visualización y vuelva a realizar los dos primeros pasos.

- Pruebe el ancla: verifique si ha construido el ancla haciendo tras el *separator state*, el movimiento o posición seleccionados. Si el ancla está colocada, aparece de repente la imagen de su meta. Si no, repita varias veces el primer paso.

- Visualice su vida diaria. Repase las situaciones que vive diariamente: en la oficina, en el coche, en casa, etc.

- Active el ancla meta. Tan pronto como haya visualizado una situación cotidiana active el ancla y «salte» hacia la situación meta.

El lenguaje del éxito

Antes de que aprenda una técnica que le ayudará a desarrollar caminos creativos hacia sus metas, queremos mostrarle algo muy importante: mejorar su orientación hacia la meta de forma duradera.

Un monólogo interior

El pensamiento consciente es, en gran parte, un pensamiento ligado al lenguaje. Cuando reflexiona sobre algo, normalmente lleva a cabo un diálogo interior. El lenguaje es, de hecho, un instrumento increíble para el pensamiento. Sin lenguaje son casi imposibles los pensamientos abstractos (por ejemplo, pensamientos sobre el sentido, el éxito, el amor). Con ayuda de símbolos lingüísticos se pueden agrupar fácilmente relaciones complejas como, por ejemplo, estados anímicos.

Las palabras pueden ser anclas

La palabra «alegría» no es el sentimiento mismo, pero está estrechamente relacionada con el sentimiento de alegría. Podemos incluso decir que el símbolo lingüístico «alegría» es un ancla para el sentimiento de alegría. Las anclas lingüísticas suelen ser muy débiles pero igualmente muestran efectos verificables. Puede comprobarlo fácilmente en su caso. Diga en voz alta: «Estoy triste» e intente tener a la vez un sentimiento feliz. Pruebe lo mismo con la frase «Soy feliz». Verá que no es nada fácil hacer que aparezca un sentimiento contrario a la frase. De esta manera puede comprobar lo importante que es el uso que hacemos del lenguaje y qué palabras utilizamos.

Las palabras provocan asociaciones

Absolutamente todo con lo que se encuentra puede formularse de manera positiva y orientarse a una meta. Un vaso puede estar medio lleno o medio vacío. Puede tratar un problema en su lugar de trabajo como una carga o como un reto.

No se trata de juegos de palabras. Las palabras provocan asociaciones. Unas positivas, orientadas a una meta y que fortalecen la motivación. Otras negativas y que fortalecen una motivación de huida. En algunos pocos casos puede ser importante fortalecer una motivación de huida mediante conceptos negativos, pero existe el peligro de convertir el bienestar en compasión.

Ejerza la crítica

Tomemos el ejemplo de la dieta. Alguien que se siente gordo puede fortalecer su motivación de huida llamándose a sí mismo «grasoso, asqueroso, desagradable...». ¿Pero consigue ayudarse de esta manera? Más bien no. Fortalecer las motivaciones de huida puede tener una función importante en casos concretos, pero nunca debe dirigirse contra la propia persona.

Tiene mucho más sentido fortalecer la motivación de huida contra los alimentos que engordan, «el helado asquerosamente dulce», «los pasteles de chocolate de color caca», etc.

Reconsiderar las formulaciones

Es importante tener una motivación para la meta. Una posibilidad básica de facilitar la orientación hacia metas positivas es cambiar el lenguaje, la forma más importante del pensamiento consciente.

En la medida en que sustituya formulaciones negativas por positivas, podrá alcanzar con mayor facilidad sus metas ya que su subconsciente le ayudará en ello.

Reformular expresiones negativas

Empiece hoy mismo a cambiar su vocabulario. Puede ir sustituyendo poco a poco todas las formulaciones negativas que tenga en su vocabulario. En la siguiente lista hemos incluido algunos ejemplos que puede completar por su cuenta.

Escriba una lista propia con formulaciones negativas personales.

Formulaciones negativas

- Malentender
- Exigir demasiado
- Estar muy ocupado
- Queda aun mucho por aprender
- Deprimido
- Preocupado Interesado

Y otra con expresiones positivas

Puede mejorar incluso las palabras más positivas que utiliza a diario. Así conseguirá darle más energía a su subconsciente a la hora de afrontar sus tareas. En la siguiente lista encuentra otra vez una lista con ejemplos que puede completar.

Formulaciones positivas

- Interesado
- Agradable
- Muy bueno
- Activo
- Motivado

Formulaciones más positivas

- Apasionado
- Fabuloso
- Lo mejor
- Cargado de energía
- Inspirado

Conocer nuevos territorios

Ahora ya sabe cómo formular con claridad sus metas y cómo aumentar su motivación proveyéndose así de más energía para la realización de sus metas.

Ahora debería serle más fácil alcanzar sus metas. Mediante una clara definición de la meta y una buena motivación, ha dado los primeros dos pasos hacia la realización de su meta. Ya sabe con exactitud hacia dónde quiere ir y ya está motivado para actuar.

Para poder actuar suele scr necesario adquirir nuevas capacidades (por ejemplo, ganar más seguridad) a la vez que superar obstáculos en el camino (por ejemplo, miedos, o heridas emocionales del pasado). En los próximos capítulos de este libro conocerá las técnicas de la PNL que le ayudarán a hacerlo.

El resto de este capítulo está dedicado a dos técnicas de la PNL que le da una primera base para actuar: la técnica Walt-Disney, que le pondrá en disposición de poder desarrollar planes realistas, y el Modeling, un método que le proporciona puntos de apoyo para actuar de forma eficaz.

De espectador a visionario

Quien se haya metido dentro una meta y quiera ponerse en camino hará bien en planearlo. Un buen plan ha de ser flexible y permitir cambios. Queriendo mantenerse en un plan estricto conseguirá que cualquier obstáculo lo lleve al desastre. En la mayoría de los casos nos parece tan obvio, que ni siquiera pensamos en ello. Si piensa en un plan sobre la manera de llegar al supermercado podrá ser flexible. Si una calle está cortada, tomará otro camino. Si el supermercado está cerrado, comprará en otro sitio. Si encuentra un conocido por el camino, la compra podrá esperar. En el caso de planes más complicados como, por ejemplo, la carrera profesional, las personas no suelen ser tan flexibles. ¿Qué hacer si no está disponible la plaza de estudios en el sitio deseado, o si no se aprueba un examen, o si le despiden del trabajo?

¿Cómo se genera un plan?

En verdad no son las personas sino sus planes los que no son flexibles. Hay razones para ello. Si diseña un plan, se imagina el camino que muestra su plan y cómo alcanza su meta. No planea nada más.

¿Cómo traza sus planes? Si actúa como la mayoría de personas, será algo de este estilo: reflexiona sobre la manera de alcanzar la meta, rechaza de entrada algunas posibilidades por imposibles, otras por excesivamente complicadas y finalmente cristaliza un plan. ¿Está todo correcto? El problema de este tipo de tratamiento es que muchos caminos se acaban enseguida porque son poco realistas, irrelevantes o problemáticos. Pero en el ejemplo de un laberinto se dará cuenta rápidamente de que no es tan fácil ver si un camino promete o no.

La discordia interna

Reflexionemos sobre cuáles son las capacidades que ponemos en juego a la hora de diseñar un plan. Ante todo está la fantasía, la previsión y la búsqueda de fallos. Podemos tratar estas tres capacidades como partes de nuestra personalidad o como subpersonalidades: el soñador, el realista y el crítico.

Los tres participan a la hora de diseñar el plan pero suelen contradecirse entre sí. El soñador que llevamos dentro desarrolla una idea, pero el realista aparece enseguida exigiendo que se reflexione más antes de hacer nada. Una vez hecho esto, surge el crítico, que afirma que eso no funciona. Mientras tanto el soñador se ha quedado dormido o se siente dolido. Así pues, no es ninguna sorpresa que los planes realistas no cuelan ser buenos planes. Tampoco los no realistas, claro. Parece como si no tuviésemos salida. Si planeamos de forma crítica y realista, los planes maduran muy lentamente y muchos caminos quedan sin explorar. Si planeamos soñando, el peligro consiste en que acabemos invirtiendo nuestra energía en una fábrica de quesos en la Luna o algo parecido.

La técnica Walt-Disney

Aplicación: diseñar planes realistas que realicen ideas

1. Identificar tres subpersonalidades (SPs):
   - El soñador.
   - El realista.
   - El crítico.

2. Anclar las tres SPs. Hay dos posibilidades:
   - Ancla corporal (por ejemplo: estómago, corazón, cabeza).
   - Ancla espacial (por ejemplo: cama, escritorio. sofá).

3. Activar las SPs:
   - Activar la SP soñadora: desarrollar ideas, metas, visiones.
   - Activar la SP realista: convertir las operaciones del soñador en planes.
   - Activar la SP crítica: buscar los problemas de los planes.

4. Utilizar los resultados de la SP crítica romo nuevos procesos para la SP soñadora.

5. Repetir el ciclo desde el punto 3 hasta que no aparezca ninguna crítica.

Uno tras otro y no todos a la vez

El camino que nos saca de este dilema es bastante sencillo. No dejamos que nuestras tres subpersonalidades trabajen a la vez, sino que vamos colocándolas una tras otra. Ésta es la estrategia que utilizan muchas personas con éxito, ya sea consciente o inconscientemente. En la PNL esta estrategia se emplea de forma explícita. Dilts y Epstein modelaron esta técnica PNL a partir de las eficaces estrategias de una persona extremadamente creativa y exitosa: Walt Disney.

El primer paso

Identificar tres subpersonalidades (SPs)

- El soñador: su parte creativa y fantasiosa que no ha de actuar con lógica, que piensa con imágenes, que juega como un niño y que no tiene preocupaciones. La parte que defiende los ideales y deseos internos.
- El realista: su parte racional que reflexiona sobre la función de las cosas, que se encarga del saber, que inspecciona la sucesión de las acciones para protegerle de las decepciones.
- El crítico: su parte perspicaz que reconoce los puntos débiles de las personas y de las situaciones, que es muy flexible, a veces muy conservador y otras poco convencional e incluso un poco burlón.

Sea consciente de las capacidades de las tres subpersonalidades. Piense en qué momentos de su vida fue más soñador, realista o crítico. Entienda que ninguno de los tres es mejor que los otros. Todos tienen cualidades positivas. Y dado que estas subpersonalidades son parte suya, intente sencillamente disponer de esas cualidades.

El segundo paso

Anclar las tres SPs. Mediante el método del anclaje puede disponer de la imagen de cada una de sus subpersonalidades de forma rápida. Esto es importante porque en este ejercicio ha de aprender a concentrarse en sus subpersonalidades, activando así un determinado grupo de sus capacidades.

Hay un tipo especial de anclas que son muy naturales e incidentales. Usted mismo ha vivido ya (aunque quizá de modo inconsciente) el efecto de este tipo de anclas; las llamadas anclas espaciales. Un ancla no tiene por qué ser sólo un movimiento o una postura, sino que también puede ser un espacio. Los espacios en los que suele vivir situaciones similares pueden constituirse en anclas para esa situación. Si va a un gimnasio se comportará automáticamente de forma diferente que en un teatro; incluso aunque se esté escenificando una pieza de teatro en el gimnasio.

Un ancla espacial

Este tipo de anclas naturales es ideal para la técnica Walt-Disney. Walt-Disney dispuso de manera consciente un espacio sólo para soñar, otro para reflexiones realistas y otro para el tratamiento crítico. Quizá usted también pueda. Ancle sus sueños en el dormitorio o en la bañera, los pensamientos realistas en la habitación de trabajo y los críticos en el jardín. También es posible utilizar partes de un espacio. Por ejemplo, la cama (soñador), el escritorio (realista), el sofá (crítico). En el caso de las anclas espaciales, el ancla aparece de forma totalmente espontánea si se reserva el espacio correspondiente para una actividad. Si elige su habitación de trabajo como ancla espacial para el realista, no debería formular allí sueños o críticas. Cuanto más definida sea la separación entre las actividades, más fuerte será el ancla a medida que pase el tiempo.

Notará como las actividades ligadas a un espacio determinado se vuelven más fáciles de realizar allí que en otra parte.

El ancla corporal

Si no puede anclar al soñador, al realista y al crítico en diferentes espacios (por ejemplo, porque ha de trabajar de forma creativa en un escritorio en la oficina), puede colocar anclas corporales. En el caso de estas tres subpersonalidades puede ubicar los sueños en el estómago (sitúese de forma intensa en la SP soñadora y coloque a la vez la mano en el estómago), la realista en el corazón y la crítica en la cabeza (evidentemente, también funciona al revés).

Lo importante es que pueda diferenciar y activar por separado las tres subpersonalidades.

El tercer paso

- Activar la SP soñadora: Con ayuda del ancla llama a la subpersonalidad del sueño. Si ha colocado un ancla espacial, esta llamada se produce por el mero hecho de entrar en ese espacio. Si utiliza un ancla corporal puede emplearla para llamar con urgencia a la SP soñadora. Deje que hable solamente el soñador. No ponga ninguna frontera a sus fantasías. Se trata de crear metas, ideas, visiones, posibilidades. Los conceptos realista o irrealista no tienen aquí ningún sentido. Ninguna idea es aquí demasiado absurda, ninguna meta es demasiado alta, ninguna visión es demasiado loca. Recoja sin valorarlo todo lo que le pase por la mente y escríbalo.

- Activar la SP realista: La SP realista se activa solo si entra en el espacio determinado para ella o coloca el ancla corporal correspondiente. Piense en las ideas que ha soñado y reflexione sobre la manera de hacer realidad esas ideas, visiones o metas. Tenga cuidado de no mezclar al realista con el crítico. Aquí desarrolla planes para materializar ideas, independientemente de lo absurdas, difíciles o fantásticas que sean. Imagínese que algún excéntrico personaje le ha encomendado llevarlas a cabo y que le pagará por ello. Desarrolle planes que lleven a cabo esa idea o meta.

- Activar la SP crítica: Ahora deje que hable el crítico. iHay algo que resulte problemático en los planes que ha desarrollado? ¿Qué hay que haga imposible llevar a cabo el plan que ha pensado para su meta, su sueño, su visión? Encuentre los puntos débiles.

El cuarto paso

Utilizar los resultados de la SP crítica como procesos nuevos para la SP soñadora. El crítico ha mostrado las dificultades de los planes. Formule por escrito las dificultades en forma de tareas y vuelva al paso número 3. Deje que el soñador desarrolle ideas para superar, reducir o evitar las dificultades.

A partir del paso 3 repita el proceso hasta que no aparezca ninguna crítica más. La consulta realizada por las tres subpersonalidades puede durar bastante. Siga los pasos entre el soñador, el realista y el crítico hasta que aparezca un plan contra el cual el crítico no pueda anteponer nada sustancial. Cada vez que se realiza la técnica Walt-Disney se acerca más a un plan realista, prometedor y flexible; un plan que funcionará verdaderamente.

Modeling

Aplicación: reproducir modelos de estrategias de comportamiento eficaces.

1. Aclare a conciencia su meta (*Wellformed Outcome*) y busque un modelo que ya haya hecho realidad anteriormente su meta.
2. Reúna información. Lea la biografía de su modelo. Observe su comportamiento, su forma de hablar, su ropa.
3. Copie su modelo con exactitud. Se podría decir incluso «imítelo». Hable y muévase como esa persona. Hágalo de forma que usted sea su modelo. (Este primer paso puede realizarlo, como mínimo, mentalmente.)

4. Preste atención a sus sentimientos. Vera cómo se modifican sus sentimientos gracias al comportamiento asumido. Notará cómo se dirige más claramente hacia su meta.

5. Filtre las partes irrelevantes del comportamiento. Vaya descartando partes de ese comportamiento y compruebe si son importantes para su meta. Lo que queda al final es la parte del comportamiento que contribuye al éxito.

Aplique una fórmula de éxito

La posibilidad de hacer algo de la manera en la que lo hace alguien que tiene éxito es un método muy típico, pero a la vez muy prometedor, de poder acercarse a su meta a la vez que le proporciona ideas sorprendentes de «cómo» llegar a ella. Este modelo se llama en la PNL «Modeling».

«Si quiere tener tanto éxito como una persona realmente exitosa, sólo ha de hacer lo que hace aquella persona.» ¿Qué le parece esta frase? ¿Cree que no tiene sentido? A ver qué tal esta otra:

«Si quiere tener tanto éxito como una persona realmente exitosa, ha de hacer las cosas que usted hace de la manera en que él /ella hace esas cosas». ¿Sigue pareciéndole absurdo?

¿Por qué alguien tiene éxito?

Porque hace las cosas como las hace. Muchas veces se alza la objeción de que la acción exterior sólo es una parte pequeña de la persona y que en verdad no sabemos qué pasa con las personas que tienen éxito. Cierto, es verdad. Solo que ni lo sabe nadie ni se puede saber..., y justamente por ello nadie puede ser visto con admiración, ni valorado como exitoso (en el ámbito que sea), basándose en base a su vida interior.

Haga una pausa, respire profundamente y digiera esto. Piense un poco en ello. ¿Cree que podría pensar de alguien que se muestra exteriormente muy miedoso que internamente es en verdad muy valiente, o que alguien que actúa siempre de forma desalmada es en verdad una persona totalmente afectuosa? ¡No puede ser! Se necesita tener un punto de apoyo y no se puede encontrar en el interior porque no se puede mirar ahí dentro.

Modelos a imitar

Tomar un ejemplo como modelo y actuar imitándolo es la base del aprendizaje. Los niños pequeños aprenden así, intentando imitar a sus padres. Más tarde buscan otros modelos. Un poco después empiezan a seguir modelos que se crean ellos mismos. Modelar el éxito es algo bastante razonable. Por ahora parece que no sabe usted nada de lo que hay en el comportamiento de una persona exitosa que dé razón de su éxito. ¿Es quizá su manera de hablar, su actitud corporal, su manera de vestir? La lógica no nos ayuda mucho en esto. Es mejor que lo pruebe usted mismo sin perder de vista que no sabe de antemano qué tienen esas personas tan eficaz.

Imitar los modelos que funcionan

El Modeling no es algo tan simple como parece a primera vista. Sin embargo, se trata de una técnica muy potente. ¡Pruebe y verá! Por cierto, la PNL le debe al Modeling gran parte de responsabilidad en su nacimiento. Richard Bandler, uno de los fundadores de la PNL, empezó a trabajar modelando al terapeuta Milton Erickson, quien tenía un éxito increíble. Comenzó a hablar con acento, a fumar grandes cigarros; actitudes que luego abandonó quedándose sólo con el comportamiento terapéutico eficaz.

3. La sincronización

La sincronización es el proceso mediante el cual se establece un estrecho contacto entre los niveles «consciente» e «inconsciente» de un interlocutor. En efecto, cambiar las palabras (nivel «consciente») no es suficiente para establecer un buen contacto. La calidad de la comunicación entre individuos depende de otros factores, principalmente inconscientes.

Si usted escucha a un amigo deprimido que necesita desahogarse manteniendo las manos cruzadas tras la cabeza, las piernas estiradas y con la sonrisa en los labios, seguro que su amigo no se sentirá completamente comprendido.

La sincronización consiste en reflejar hacia la otra persona su propia imagen, a enviarle las señales no verbales que puede identificar fácilmente y de manera inconsciente como suyas, y que por tanto para ella son signos de reconocimiento. La sincronización crea un clima de confianza que invita a nuestro interlocutor a seguir hablando, ya que de esta manera se siente escuchado y reconocido tal y como es. La sincronización nos permite escuchar de una manera más fina al otro. Y conduce finalmente a la obtención de una «relación» que nos permitirá poco a poco dirigir la conversación. Los parámetros sobre los que se sincroniza son de dos tipos: verbales y no verbales.

- Los parámetros verbales: Son la forma del discurso (predicados y giros de frases) y el contenido del discurso (expresiones típicas e ideas clave). En los siguientes ejercicios, no trataremos los parámetros verbales como el contenido del discurso. Retomar las ideas clave de nuestro interlocutor constituye la base misma de la reformulación, técnica bien conocida por todas aquellas personas interesadas en la comunicación. No hemos creído necesario, por tanto, tratarlas aquí. En cuanto a la forma del discurso, hablaremos de ella en el capítulo dedicado a los predicados.

- Los parámetros no verbales: Son los macrocomportamientos (postura general, gestos y características vocales) y los microcomportamientos (posición de la cabeza, pequeños movimientos de la cabeza y de los miembros, respiración y expresiones del rostro). Veámoslos punto por punto.

- La sincronización postural: nuestro interlocutor puede estar de pie, derecho o desgarbado, sentado, las piernas o los brazos cruzados, inclinado hacia delante o hacia atrás, puede tener una mano dentro del bolsillo, etc. Se tratará de reflejar globalmente esta postura. En general es inútil reproducir estrictamente una actitud o imitar inmediatamente cada una de sus modificaciones. Si su interlocutor cambia de postura, espere que se instale bien en esa nueva posición para reproducirla.

- La sincronización gestual: los gestos de nuestro interlocutor pueden ser inexistentes o abundantes, pueden ser exagerados o discretos, redondos o con ángulos agudos, continuos o discontinuos; pueden acompañar el discurso (a menudo las manos) o ser casi automáticos (unos golpes con el pie, por ejemplo).

- No copie a su interlocutor gesto por gesto; envíele solamente un reflejo de su manera de expresar y de dar un ritmo a la conversación. Si él hace muchos gestos, no es necesario hacerlos todos. Si por el contrario es inmóvil, evite gesticular. Si utiliza frecuentemente un gesto característico, reprodúzcalo ligeramente o simplemente esbócelo.

- La sincronización vocal: realícela sobre la producción verbal, el volumen y el ritmo de la voz. Aproxime sus propias características vocales a las de su interlocutor. Pero no lo imite, sobre todo si tiene acento. La sincronización sobre el ritmo se armoniza con la sincronización sobre los gestos.

- La sincronización microcomportamental: aquí está la lista de los microcomportamientos útiles que se pueden observar para realizarla.

La cabeza: Puede estar recta, inclinada a la izquierda, puede seguir un movimiento de abajo a arriba o lateral, puede estar inclinada hacia adelante o echada hacia atrás.

La cara: La frente puede estar arrugada o lisa; las cejas enarcadas o fruncidas; los ojos, abiertos o cerrados; la mirada intensa o débil; la nariz arrugada, recta; las aletas de la nariz apretadas, normales o separadas; los labios mordisqueados; la lengua puede estar sobre los labios y el rostro dibujado con mohínes diversos.

La respiración: Puede ser torácica, abdominal, con ritmo, entrecortada con suspiros. Tranquilícese, no tendrá que observar todos estos elementos en una misma persona. Enseguida se dará cuenta de que un interlocutor repite los mismos microcomportamientos cuando se encuentra en situaciones parecidas. Usted observará que cada vez que X está nervioso abre las aletas de la nariz, o que cuando quiere cambiar de tema enarca las cejas, eleva la cabeza e inspira profundamente.

La sincronización puede ser directa (al parámetro cercano) o cruzada (un parámetro por otro). Si mi interlocutor está sentado bien erguido, piernas cruzadas, los brazos sobre el sillón, yo puedo o bien reproducir estrictamente su actitud (sincronización directa), o bien cruzar por ejemplo mis brazos en lugar de mis piernas manteniendo la postura erguida (sincronización postural cruzada). Si mi interlocutor se rasca frecuentemente el mentón con el dedo de una manera distraída, yo puedo hacer lo mismo con mi rodilla, o con la punta de un pie sobre el otro. La sincronización cruzada es a menudo más discreta y elegante. ¡Afortunadamente usted no tiene que sincronizar sobre todos los parámetros! Generalmente, de dos a cuatro es suficiente. Usted aprenderá más adelante cómo elegirlos.

¿Para qué sirve la sincronización?

Como hemos dicho anteriormente la sincronización sirve para crear un clima de confianza, propicio para recoger información y conducir una conversación. La sincronización permite que nuestro interlocutor se sienta aceptado tal y como es. Gracias al acuerdo no verbal, expresar un desacuerdo no es un obstáculo en la comunicación. La sincronización sirve prioritariamente:

- Desde el primer encuentro con una persona desconocida (nuevo amigo, relación privada, superior jerárquico, subordinado...);
- Al principio de una conversación (de contratación, comercial, médica, etc.);
- Para mejorar el trabajo en grupo (sincronizándose sucesivamente con cada participante cuando se dirige a ellos);
- Para «negociar» una fase difícil de una conversación. Cuando aparece una tensión o un desacuerdo, la sincronización permite mantener el «contacto».

La sincronización genera por tanto una «conexión» que nos permite guiar la conversación. Si hemos sabido crear el clima que nos acerca de una manera no verbal a aquello que hace nuestro interlocutor, él a su vez y de una manera inconsciente intentará mantenerlo. Podemos verificarlo modificando uno de los parámetros de esa sincronización y ver si nuestro interlocutor también modifica su actitud. En ese caso, podemos orientar la conversación en la dirección deseada. Al contrario, podemos desincronizarnos para mostrar nuestro desacuerdo con la conversación o simplemente para romper una relación. En los ejercicios siguientes le proponemos que sincronice sobre parámetros precisos, para poder combinarlos con otros más adelante.

Pero antes vea dos ejemplos de la utilización de la sincronización.

Una paciente que Bernard conocía bien le visita a causa de una tensión cervical y de contracturas musculares dolorosas que le obligaban a mantener la cabeza inclinada hacia la derecha. Esta persona trabaja en un banco que, por razones económicas, piensa realizar una auditoría en cada departamento y despedir a algunos de los trabajadores. Al sentir su puesto de trabajo amenazado, esa paciente se esfuerza en trabajar bajo la mirada de un observador atento. Su ansiedad se transforma en una crispación y una tensión muscular del cuello con desviación de la cabeza hacia la derecha. Al cabo de una semana va al consultorio.

Bernard elige algunos parámetros para sincronizarse con ella y, poco a poco, inclina su cabeza hacia el mismo lado que la paciente. Más tarde acompaña el discurso de esa persona con elevaciones de las cejas. Mantiene una sincronización además sobre los movimientos de las manos y de la actitud general. Al cabo de unos minutos sustituye los movimientos de las cejas por ligeros movimientos de cabeza de conformidad. Sin embargo, la paciente reproduce las elevaciones de cejas. Una vez establecida la conexión, Bernard decide exagerar el movimiento y ve cómo la paciente hace lo mismo. Entonces Bernard endereza lentamente la cabeza, después la inclina suavemente al otro lado, siempre seguido por la paciente que continúa contando sus temores y esperanzas.

En media hora, esa persona ha realizado ocho veces el movimiento de izquierda a derecha. Al final de la entrevista su cuello estaba todavía sensible pero las contracturas habían desaparecido. Algunas sesiones de kinesiterapia completaron el tratamiento.

Nelly está embarazada de seis meses cuando se encuentra con un cliente durante una entrevista de preestudio. Ella practica la sincronización postural, verbal y gestual y reproduce algunos movimientos de cabeza. Rápidamente obtiene una excelente conexión y se gana la confianza del cliente, que da mucha información útil para elaborar el proyecto de intervención. Cuando la conversación está en su apogeo, Nelly lleva mecánicamente sus manos a su vientre cruzando los dedos por debajo para aliviarse de una tensión, gesto habitual en todas las mujeres embarazadas. ¡Cuál no sería su sorpresa al ver que su interlocutor se abría el traje y se ponía las manos a cada lado de su vientre, con la punta de sus dedos colocados en su cintura!

¿Cómo familiarizarse con la sincronización?

Día 1

Hoy sincronizará la POSTURA GLOBAL de tres interlocutores durante cinco minutos de intercambio por lo menos. La consigna es observar y reproducir simétricamente la actitud general de su interlocutor. Si él cambia de postura, usted modifica la suya unos segundos después. Como regla general se trata de reflejar y no de imitar. Si su interlocutor tiene una actitud «excéntrica» (por ejemplo: los dos pies encima del escritorio) es inapropiado reflejarla fielmente. Adopte entonces una actitud relajada.

Si esta forma de sincronizar le parece fácil de integrar, pase a continuación a la sincronización sobre los gestos; si no, entrénese diariamente hasta que esté completamente satisfecho con la sincronización postural.

Este aprendizaje deberá llevarle como máximo tres días. Más allá de este tiempo, ¡cuestiónese su perfeccionismo!

Día 2

Hoy trabajará sobre la SINCRONIZACIÓN GESTUAL. Observe tres personas con las que ya ha sincronizado la postura. Preste atención a los gestos que acompañan sus discursos. Intente reproducir esos gestos.

Si descubre un gesto particularmente evidente, no lo reproduzca completamente. Elija entonces la sincronización cruzada, siguiendo cada uno de sus grandes gestos con un movimiento más discreto y cruzado. (Por ejemplo: si su interlocutor realiza muchos molinillos con el brazo derecho, sígalos con un movimiento de cabeza; si él golpea el dorso de la mano derecha con la palma de su mano izquierda para recalcar sus palabras, haga usted lo mismo con la punta de su bolígrafo sobre el escritorio...)

Día 3

A partir de este momento debe practicar la SINCRONIZACIÓN VOCAL. Se realiza sobre tres parámetros: el volumen, de bajo a muy alto; la velocidad, de extremadamente lenta a muy rápida; y el ritmo, de fluido a muy entrecortado.

En algunos libros sobre la PNL, leerá que también se puede sincronizar sobre el timbre y el tono de la voz. Según nuestra experiencia una sincronización sobre el volumen, la velocidad y el ritmo es efectiva y suficiente. Hoy elija dos interlocutores. Usted va a sincronizar sobre EL VOLUMEN DE SUS VOCES, únicamente sobre el volumen, durante diez minutos con cada uno. Si su interlocutor habla muy alto o por el contrario de una manera casi inaudible, usted se acercará a esa manera de hablar para disminuir la diferencia existente entre los dos estilos.

Así aumentará la posibilidad de instaurar o reforzar un clima de confianza. La voz es un ejemplo particularmente importante de la sincronización. Sin la sincronización vocal no tenemos posibilidades de establecer un clima de total confianza. Enseguida nos molesta que alguien hable mucho más alto o más bajo que nosotros. Es, además, la única manera de sincronizar con alguien por teléfono. ¡Piénselo!

Día 4

Hoy, usted va a sincronizar vocalmente con tres interlocutores sobre EL VOLUMEN Y LA VELOCIDAD AL MISMO TIEMPO. No sólo debe acercar su volumen al nivel sonoro de su interlocutor sino también su velocidad durante diez minutos con cada uno, no más tiempo. Es inútil dedicarle más tiempo puesto que un entrenamiento cotidiano muy largo tiene el riesgo de hastiar. Con el aprendizaje ocurre lo mismo que con ciertos placeres ¡elija la moderación!

Recuerde que la sincronización sobre los parámetros vocales es extremadamente eficaz, permitiendo establecer una relación de una manera elegante.

Día 5

Hoy usted va a practicar la SINCRONIZACIÓN VOCAL durante treinta minutos como máximo, ya sea con el mismo interlocutor o con dos interlocutores diferentes. Deberá hacerla sobre los tres parámetros: VOLUMEN-VELOCIDAD-RITMO. Cuando usted esté satisfecho pase al siguiente ejercicio.

Observe cómo la sincronización vocal facilita la sincronización gestual. Sabemos que nuestros gestos armonizan con el ritmo de nuestra voz. ¡Pruebe a hablar a un ritmo entrecortado haciendo gestos amplios y redondos! A partir de este momento esté atento a la diversidad de expresión de las personas que se encuentra durante el mismo día. Aceptar al otro en su diferencia, es mostrarle respeto.

Día 6

Esta mañana piense en tres personas con las que se encontrará a lo largo del día. Cuando esté con ellas, practicará una SINCRONIZACIÓN POSTURAL Y GESTUAL. Haciendo esto, observará sus microcomportamientos más frecuentes.

Se puede guiar por la lista que hemos dado anteriormente, y revisar punto por punto lo que es observable.

Día 7

Hoy, con las mismas personas que ayer o con otras tres diferentes, usted sincronizará sobre la postura y los gestos y REPRODUCIRA SIMIÉTRICAMENTE TODOS SUS MOVIMIENTOS DE CABEZA, con discreción y tacto.

Día 8

Hoy procure tener al menos dos conversaciones de un cuarto de hora cada una, como mínimo, con dos personas diferentes. Sincronice sobre la postura general, los gestos, los movimientos de cabeza, el volumen y la velocidad de la voz. Cuando crea que está bien sincronizado, MODIFIQUE UNO DE LOS PARAMETROS. Por ejemplo cruzando o descruzando las piernas o los brazos, cambiando la inclinación de su cuerpo. Verifique entonces si su interlocutor modifica de una manera simétrica o cruzada su actitud. Si eso no ocurre, pruebe otra modificación.

Nosotros le aconsejamos que lleve a cabo esa modificación en el momento de hacer una pregunta. Para comprender y responde a su pregunta es necesario que su interlocutor mantenga el clima de diálogo que usted ha creado desde el principio de la conversación e, inconscientemente, modificará su comportamiento de manera similar a como lo haya hecho usted.

Sugerencias de cómo modificar los parámetros de la sincronización: cambie la inclinación de su cabeza; cambie la inclinación de su busto;

suspire; disminuya o aumente el volumen de su voz; acelere la velocidad de sus palabras; haga un gesto con la mano para subrayar alguna de sus frases ...

Dése cuenta de que su interlocutor también puede reaccionar de manera cruzada. Por ejemplo, usted hace un gesto amplio y lento con el brazo izquierdo para manifestar un sentimiento de duda y él se sincroniza haciendo un movimiento de cabeza y de cejas para expresar lo mismo.

Usted desabrocha el cuello de su camisa y su interlocutor desabrocha su traje unos segundos más tarde, etc.

Día 9

En este momento usted ya domina la sincronización no verbal. ¡Bravo! Recuerde que esta sincronización es fundamental durante una conversación, y que hay que volver a ella cuando aparece un problema de comunicación con un interlocutor.

Hoy, usted va a hacer lo contrario. Elija dos personas con las que va a sincronizar sobre cuatro parámetros a la vez. Compruebe que ha logrado la conexión. Si es así, DESINCRONÍCESE COMPLETAMENTE modificando todos los parámetros no verbales y observe el resultado de su acción sobre su interlocutor (no prolongue esta fase más de diez minutos), después RESINCRONÍCESE.

¿Qué ha observado en el comportamiento no verbal de su interlocutor? ¿Qué ha notado usted? ¿Puede recordar lo que su interlocutor le ha dicho durante esa fase?

¿Qué ha sentido?

Lo más corriente es que tanto usted como él hayan tenido una sensación desagradable. La pérdida de contacto es evidente y el sentimiento de comprensión a menudo queda perturbado. Pero recuerde que usted puede escoger esta vía para mostrar su desacuerdo o poner fin a una conversación. Su interlocutor también puede desincronizar espontáneamente por las mismas razones.

4. Los movimientos oculares

Los autores de la PNL han observado que los movimientos involuntarios de los ojos en una u otra dirección no están dirigidos por el azar sino que están relacionados con la manera de pensar de la persona. Dirigimos nuestros ojos en algunas direcciones más que en otras según si nos formamos imágenes mentales, si hablamos o si sentimos emociones.

Tomemos un ejemplo. Si se le pregunta a Bernard:

«¿Dónde estabas hace una semana a esta misma hora?», se le verá fruncir las cejas, mirar un instante abajo a la derecha (visto por el observador), después divagar un poco y durante algunos segundos mover los ojos hacia arriba a la derecha para finalmente volvernos a mirar y darnos la respuesta. (Los movimientos oculares serán siempre descritos desde el punto de vista del observador.)

1. Ha repetido interiormente la pregunta para comprenderla mejor (ojos hacia abajo a la derecha);
2. ha buscado visualmente en sus imágenes mentales los lugares donde estuvo ese día, identifica esos lugares (ojos hacia arriba a la derecha);
3. ha mirado de nuevo a su interlocutor para responderle.

¿Qué movimientos se deben observar?

Nos limitaremos a tres tipos de direcciones de la mirada: visual, kinestésico y de diálogo interno. (Se llama «kinestésico» a todo aquello que concierne a las sensaciones y emociones, por ejemplo tener un nudo en la garganta, tener calor, sentirse triste...) Globalmente y para la mayoría de las personas, las representaciones mentales visuales se acompañan de movimientos de ojos, ya sean hacia arriba o hacia delante. Hacia arriba, la mirada puede ir a la izquierda, al centro o a la derecha. Hacia delante, corresponde a la expresión «tener la mirada perdida»; la mirada está desfocalizada, las pupilas a menudo un poco dilatadas. Estos movimientos, llamados acceso visuales, son muy variados, más o menos duraderos y más o menos marcados.

Cuando una persona mantiene un diálogo interno, especialmente cuando está inmerso en sus pensamientos, tiende frecuentemente a dirigir sus ojos hacia abajo a la derecha (posición del «teléfono»).

Cuando recuerda o revive sentimientos o sensaciones, se la puede ver dirigir su mirada hacia abajo a la izquierda.

Cuando se observa un movimiento ocular significa que predomina cierto modo de pensamiento.

¿Para qué sirven los movimientos oculares?

La observación de los movimientos oculares sirve principalmente para dos cosas:

- Adaptarnos mejor a nuestro interlocutor, adoptando un modo de comunicación apropiado a su modo de representación.

Por ejemplo, Nelly tiene una entrevista con un cliente que habla lentamente y procede siempre según la misma secuencia (una secuencia es una sucesión de accesos visuales diferentes que constituye el proceso de búsqueda de una persona en una situación determinada): él mira primero hacia abajo a la izquierda, al cabo de unos segundos, hacia abajo a la derecha, después eleva un poco los ojos y expresa una parte del discurso. Posteriormente reorienta su mirada hacia abajo a la izquierda. Nelly elige voluntariamente una velocidad verbal más lenta, un vocabulario relacionado con las sensaciones y con el diálogo interno.

- Observar en un interlocutor sus secuencias mentales en diversos procesos del pensamiento.

Por ejemplo, una paciente de Bernard se queja de atravesar períodos depresivos durante los cuales se desanima, se desvaloriza y se siente muy sola y triste. Cuando Bernard le pregunta cómo y cuándo vive esos momentos a lo largo del día, la paciente explica (ojos hacia él) sus actividades domésticas. Cuando ella se enfrenta a una dificultad cualquiera o a una tarea más importante (ojos hacia abajo a la derecha) inclina la cabeza y se calla un instante. Después sus ojos se dirigen hacia abajo a la izquierda, sus hombros descienden. Ella dice: «Me siento brutalmente desanimada y triste».

La observación de movimientos hacia abajo a la derecha hace suponer que esta paciente mantiene un diálogo interno. La simple pregunta: «Y cuando encuentra una dificultad ¿qué se dice a sí misma?», provoca que esa persona ponga en marcha una serie de frases desvalorizantes del tipo: «De todas maneras no podrás hacerlo, es demasiado duro para ti, si no te ayuda alguien no podrás, etc.». Este tipo de retahíla es infraconsciente. La paciente no es consciente de mantener ese discurso, y sin embargo, ante la pregunta de Bernard ella tiene la sensación de conocerlo «desde siempre». En este caso, ella ha reconocido la voz de su madre. Estos elementos han permitido poner en marcha una acción terapéutica eficaz.

Otro ejemplo: Nelly está con un cliente que pasea de arriba a abajo por su despacho, los ojos hacia abajo a la derecha, visiblemente absorto en un discurso interior. En ese momento, ella lo invita a hablar preguntándole: «Entonces ¿qué se dice a sí mismo?». Y el cliente responde: «Bien, yo me digo que...».

Cuando se hace una buena pregunta, la rapidez y la espontaneidad son muy sorprendentes. Hay momentos que es más oportuno preguntar: «¿Qué se dice a sí mismo?» que: «¿Cuál es su visión de las cosas?» o «¿Qué siente?» Es como si apretáramos el botón correcto en el momento correcto para obtener el circuito correcto.

¿Cómo familiarizarse con los movimientos oculares?

Día 10

HOY ESTÉ ATENTO A LOS MOVIMIENTOS DE LOS OJOS HACIA ARRIBA Y A LAS MIRADAS DESFOCALIZADAS (mirada perdida). Cuando observe esos movimientos llamados «accesos visuales», grábelos mentalmente pensando «visual». Esos accesos visuales pueden ser espontáneos o provocados por sus preguntas.

Al final del día, sin duda se habrá percatado de que el número y la duración de los accesos visuales que ha observado varían mucho según las personas. En algunas son casi imperceptibles, en otras sólo a ratos. En cualquier caso usted habrá podido ver los accesos visuales durante unos segundos. Esto, naturalmente, no le da ninguna información sobre lo que la persona piensa, únicamente le informa sobre el sistema que ella utiliza en ese momento para representarse y formar el pensamiento que le transmite con palabras.

Día 11

HOY, OBSERVE LOS MOVIMIENTOS OCULARES DIRIGIDOS HACIA ABAJO A LA IZQUIERDA Y anote mentalmente «kinestésico». Ayúdese con preguntas. Obsérvelos en las películas o en las emisiones de televisión. Si quiere observar estos movimientos en alguien cercano, pregúntele por ejemplo: ¿De quién estás enamorado? ¿Cuál es el recuerdo más alegre que has vivido? ¿Qué has sentido cuando has sabido que ... ?

Usted puede observar que estos movimientos oculares a menudo están acompañados de una modificación del discurso. Efectivamente, para verificar un sentimiento o reconstruir mentalmente una sensación física, hay que construir la experiencia interna correspondiente, lo cual acciona las estructuras profundas y arcaicas del cerebro. El lapso de tiempo necesario está acompañado de un ralentizamiento o de una parada en la velocidad verbal.

Día 12

Durante el día entrénese para OBSERVAR LOS MOVIMIENTOS OCULARES DIRIGIDOS HACIA ABAJO A LA DERECHA: corresponden a un diálogo interno. Grábelos mentalmente pensando «diálogo interno».

Naturalmente, como ocurría con los otros accesos, son más fáciles de ver cuando le hacemos preguntas a la persona que observamos. Cuanto más invite el tema de la conversación a pensar o a reflexionar, observará movimientos de ojos más interesantes, mientras que por el contrario una conversación superficial será menos rica.

ATENCIÓN: Queremos remarcar el hecho de que algunas personas, especialmente los zurdos, pueden tener una inversión izquierda / derecha de sus funciones cerebrales. Estas personas presentan por tanto los accesos kinestésicos moviendo los ojos hacia abajo a la derecha y el acceso diálogo interno hacia abajo a la izquierda.

Día 13

HOY empiece a OBSERVAR TODOS LOS MOVIMIENTOS DE OJOS QUE CONOZCA. Puede anotar mentalmente cuando son movimientos únicos o repetitivos. Cuando observe dos movimientos oculares consecutivos, pero diferentes, piense «secuencia». Por ejemplo: ¿Cuál es la última película que has visto?: Eh (ojos hacia arriba) la semana pasada vi una película con, eh..., (ojos hacia abajo a la derecha) ..., con Bernard Giraudeau. Piense entonces: acceso visual + diálogo interno = secuencia.

Felicito a aquellos que hayan descubierto una secuencia a través de algunos movimientos oculares. Por ejemplo: Veo el problema (ojos hacia arriba) y, cuando pienso en él, me digo (ojos hacia abajo a la derecha) que no va a ser fácil de solucionar (ojos hacia abajo a la izquierda).

Día 14

Hoy realice el mismo ejercicio que el día anterior fiándose principalmente en DESCUBRIR LAS SECUENCIAS DE MOVIMIENTOS OCULARES MAS FRECUENTES entre SUS más allegados, haciéndoles preguntas que necesiten reflexionar antes de responder. Por ejemplo: ¿Te acuerdas exactamente de la reflexión que hizo el jefe de producción la semana pasada? Usted que tiene buena memoria ¿recuerda si el señor X usa corbatas con tonos ... o ... ?

Compruebe si el desarrollo de estas secuencias es idéntico en una misma persona. Aunque así sea, desconfíe de las conclusiones apresuradas del tipo «esta-persona-piensa-siempre-de-la-misma-manera». Puede que sea verdad en las secuencias observadas pero no necesariamente en otras. Siga vigilando. Esté atento al momento presente observando el aquí y ahora.

Días 15 y 16

Repita el ejercicio del día 14. No hemos explorado los otros movimientos oculares que se observan, ni hemos separado los accesos visuales izquierdos de los derechos, correspondientes a operaciones mentales de la misma naturaleza pero diferentes, puesto que cuando dirigimos la mirada hacia arriba a la derecha la operación mental se basa en imágenes recuerdo (memoria visual) mientras que si miramos hacia arriba a la izquierda la operación se basa en construcciones visuales (imaginación en el sentido literal). Lo mismo ocurre con los accesos auditivos laterales derecho e izquierdo. (Cuando a una persona se le pide que recuerde un ruido o un sonido, sus ojos se desplazan hacia la derecha o hacia la izquierda.)

Creemos que en el marco de autoentrenamiento que propone este libro, los tres movimientos oculares que se deben conocer son los que usted está estudiando (visual, kinestésico, diálogo interno). En la mayoría de casos esos tres movimientos son suficientes.

¿Ha aprovechado para tomar conciencia de sus propios movimientos oculares? Si la respuesta es afirmativa, ¡felicidades! Si es negativa, piense durante unos instantes en los ejercicios y en la semana que ha pasado estudiándolos. Por ejemplo, ¿se acuerda del primero de todos?

Cuando tenga la respuesta observe qué ha hecho para obtenerla. ¿Ha mirado hacia arriba o hacia delante para ver las escenas pasadas?, ¿ha repetido primero la pregunta una o varias veces? En ese caso, ¿ha dirigido sus ojos hacia abajo y hacia su izquierda (hacia abajo a la derecha cuando usted observa a alguien)?

Descubra sus propias estrategias mentales. Le será útil. Ser consciente de las diferencias que existen entre nuestras estrategias y las de los otros nos permitirán adaptarnos mejor a nuestro interlocutor.

5. Los predicados

Durante algún tiempo dejaremos de lado los movimientos oculares para interesarnos por una segunda manera de aproximarnos al sistema de representación interna de una persona: los predicados.

Identificar los predicados

Esta palabra designa el conjunto de sustantivos, verbos, adjetivos, adverbios, etc., pertenecientes al registro sensorial que utiliza una persona cuando habla. Nos interesa en la medida en que remite al modo de representación del mundo que la persona privilegia. Cuando alguien le dice: «Veo claro que nuestro proyecto se desarrolla tal y como habíamos imaginado», puede estar seguro de que su interlocutor ha construido una o varias imágenes mentales de ese proyecto.

Incluimos aquí un ejercicio de estilo que pretende sensibilizarle, de una manera lúdica, ante los diferentes registros de predicados reagrupados en cuatro grandes sistemas de representación: visual, auditivo, kinestésico y olfato-gustativo. El tema es el siguiente: Este importante negocio de doble facturación ha permitido descubrir otras graves malversaciones. Si la dirección se entera, seguramente le encargará al jefe de personal que lleve a cabo una investigación.

- Modo visual: El resplandor de este negocio de doble facturación ha permitido evidenciar malversaciones poco brillantes. Está claro que si la dirección lo ve, le confiará al jefe de personal una investigación que sacará a la luz todos esos asuntos.

- Modo auditivo: El ruido estrepitoso de este negocio de doble facturación ha amplificado los rumores de otras malversaciones. Si esto llega a oídos de la dirección, esta seguramente querrá saber la verdad y hablará con el jefe de personal para que diga la última palabra de la historia.

- Modo kinestésico: Este triste negocio de doble facturación ha permitido poner en relieve otras malversaciones. Cae por su propio peso que la dirección querrá investigar la verdad y empujará al jefe de personal a tomar las riendas del asunto.

- Modo olfato-gustativo: Este asqueroso negocio de doble facturación se mezcla con los olores de otras malversaciones igual de repugnantes. Esto seguramente no le gustará a la dirección, que le pedirá al jefe de personal que meta la nariz.

Esto aquí no es más que un juego, pero si presta atención constatará que este tipo de lenguajes son bastante frecuentes.

Acuérdese de la publicidad de un coche de alto nivel que para alabar el vehículo hacía escuchar el ruido de la puerta al cerrarse e invitaba a sentir la comodidad de los asientos. La riqueza de ese mensaje estaba en la utilización voluntaria de diversos canales de representación mental.

Todo aquello que no esté incluido en el VAKO (Visual-Auditivo-Kinestésico-Olfativo) forma parte de los predicados «neutros». ¡Todos los discursos técnicos y políticos están repletos de ellos!

¿Para qué sirven los predicados?

Identificar los predicados sirve para comprender cómo vive nuestro interlocutor aquello que cuenta. En un diálogo, ya sea terapéutico, comercial o amistoso, estar atento a los predicados nos permite reformular las proposiciones y hacer preguntas en el mismo registro sensorial.

Ello contribuye a facilitar el diálogo sin desestabilizar a nuestro interlocutor. He aquí un contraejemplo. Un científico de gran prestigio fue entrevistado por un no menos famoso presentador.

Durante esa emisión, el primero se expresaba en un registro «kinestésico auditivo». Sus ojos iban alternativamente de abajo a la derecha, sus frases eran lentas y su vocabulario casi exclusivamente del registro «K-A». El segundo se expresaba esencialmente de manera visual y hablaba rápidamente. Hacia el final de la entrevista le preguntó a su invitado: «Viendo el futuro de los jóvenes de hoy día, ¿no cree que su horizonte aparece negro?». El científico hizo entonces una pausa; frunció las cejas y elevó un poco los ojos, después confesó: «Su horizonte... No sé» Sus ojos se dirigieron entonces hacia abajo a la derecha y después a la izquierda y declaró: «En cambio, cuando pienso en su futuro me digo que no les será fácil». Una gran parte de la entrevista se había echado a perder por tales rupturas de ritmo y comprensión. El diálogo habría ganado en fluidez y riqueza si las preguntas, por muy interesantes que fueran, hubieran sido hechas en el mismo registro que los predicados del invitado.

¿Cómo familiarizarse con los predicados?

Día 17

Hoy usted va a prestar ATENCIÓN A LOS PREDICADOS UTILIZADOS POR UNA PERSONA durante un debate, una reunión, una emisión de televisión y comprobará si muestra una tendencia a privilegiar un tipo de canal u otro (VAKO).

Para ello lo más simple es hacer un cuadro con cuatro columnas tituladas visual, auditivo, kinestésico, olfatogustativo. Bastará entonces con anotar en la columna correspondiente el predicado identificado. Por ejemplo, una declaración del tipo: Usted imagina bien que nuestro partido no se va a mojar en un asunto tan movedizo. El terreno está minado y nos hemos dicho que el valor nos designa claramente la ruta con la que nos hemos comprometido ... dará el siguiente cuadro:

Visual	Auditivo	Kinestésico	Olfato-gustativo
Imagina	Nos hemos	Mojar	
Designa	dicho	Movedizo	
Claramente		Terreno minado	
		Valor	
		Comprometido	

PREDICADOS Y EXPRESIONES TÍPICAS DE LOS DIFERENTES SISTEMAS DE REPRESENTACIÓN

Visual

Cuadro, Telón de fondo, Encuadrar, Ver, Mirar, Mostrar, Esconder, Clarificar, Iluminar, Visualizar, Perspectivas, Imagen, Claro, Luminoso, Oscuro, Brillante, Coloreado, Vago, Borroso, Neto, Claramente, Vagamente, Ver la vida de color de rosa, Ennegrecer, En blanco y negro, Color, Discernir, Distinguir, Descubrir, Exponer, Punto de vista, Espectáculo, Línea del horizonte, Nube, Gráfico, Cliché, Escena, Flash, A primera vista, Es inimaginable, etc.

Auditivo

Tener la mosca detrás de la oreja, Entender, Hablar, Decir, Escuchar, Preguntar, Contar, Sonar, Diálogo, Entendido, Acuerdo, Desacuerdo, Dicho de otra manera, Ruido, Sonido, Ritmo, Sonoro, Tonalidad, Nota, Melodioso, Musical, Discordante, Ruidosamente, Esto suena bien, Desafinado, Resonar, Esto no me dice nada, Silencioso, Locuaz, Hacerse entender, Amplificar, Prestar oído, Gritar, Pedir, Interrogar, Eco, Longitud de onda, Lenguaje, Voz, Es inaudito, etc.

Kinestésico

El nudo de la acción, Tener las cosas por la mano, Piel de gallina, Coger, Cortar, Sentir, Tocar, Palpar, Tocar con los dedos, Flotar, Planear, Presión, Estar en contacto con, Relax, Concreto, Firme, Sensible, Insensible, Tierno, Sólido, Blando, Herir, Caluroso, Frío, Ligero, Pesado, Palpable, Poner el dedo en la llaga, Tensión, Impacto, Sentimiento, Choque, Tener los pies sobre la tierra, Echar una mano, etc.

Olfativo

Olor, Olfatear, Perfume, Esto huele a chamusquina, Aspirar, etc.

Gustativo

Gustar, Salivar, Saborear, Probar, Asco, Sabor, Jugoso, Dulce, Es pan comido, etc.

Neutro

Pensar, Comprender, Saber, Aprender, Reflexionar, Recordar, Creer, Cosa, cualquier cosa, Darse cuenta, Consciente, Conscientemente, etc.

Días 18 al 20

Durante estos tres días, usted va a dedicar treinta minutos diarios a ES-CUCHAR LOS PREDICADOS DE TRES PERSONAS DIFERENTES, es decir diez minutos por persona. Va a practicar para descubrir a qué sistema de representación pertenecen la mayoría de sus predicados.

Por experiencia sabemos que para los principiantes de la PNL resulta molesta la idea de tener que escuchar los predicados sin interrupción durante un gran lapso de tiempo. Por esta razón recomendamos hacerlo durante un tiempo breve y para facilitar la tarea piense en un director de orquesta. Él no se fija en cada una de las notas emitidas por los numerosos músicos que dirige, sin embargo es capaz de distinguir aquellas que están desafinadas y de asegurar la coordinación melódica y rítmica del conjunto.

Días 21 y 22

HOY y mañana practicará la UTILIZACION DE Los REGISTROS VI-SUAL-AUDITIVO-KINESTESICO (incluyendo en este último el registro OLFATO-GUSTATIVO) en su manera de expresarse. Los utilizará de dos en dos para familiarizarse en su manejo. Por ejemplo:

- para el visual-auditivo: Veo claramente cómo podría aplicarse su discurso. Esta discusión no hace más que oscurecer las perspectivas.
- para el auditivo-kinestésico: Cuanto más hablo, más disminuye su malestar. Me siento mejor diciéndome que eso no pasará nunca.
- para el kinestésico-visual: Y desde que me he dado cuenta siento mi corazón que late. Ella está metida en una oscura historia de facturas.

A lo largo de estos dos días, antes de hablar con alguien elija un par de registros para extraer de ellos su vocabulario. Durante el diálogo mantenga esa decisión, excepto si perjudica la comprensión de lo que está diciendo, y pronuncie al menos tres frases que incluyan los predicados elegidos. Evidentemente usted se sentirá más a gusto con unos que con otros. La finalidad de este ejercicio es sensibilizarle en este aspecto de la comunicación y enseñarle a adaptarse rápidamente a los registros de sus interlocutores.

Día del 23 al 25

Volvamos a los movimientos oculares. Existe una correlación natural entre los movimientos oculares y los predicados. Es difícil imaginarse a una persona con representaciones mentales visuales ricas en formas y colores utilizando únicamente un vocabulario kinestésico basado en sensaciones y sentimientos. La mayoría de las veces si esa persona experimenta un sentimiento o una sensación, pasará por una primera fase de representación visual (acceso ocular visual, hacia lo alto o desfocalizado), para después acceder al sentimiento o la sensación (acceso kinestésico hacia abajo a la izquierda). Por el contrario, una persona que privilegia las representaciones kinestésicas no tendrá necesariamente que tener una representación mental visual para acceder a sus sensaciones. Accederá de una manera directa.

Nos proponemos empezar a UNIR LOS PREDICADOS CON LOS MOVIMIENTOS OCULARES cuando éstos son claros y significativos. Desde hoy, practique para buscar el nexo que los une. Elija dos personas con las que va a estar por lo menos quince minutos. Para ayudarle, he aquí algunos ejemplos de lo que puede hacer:

- Su interlocutor después de varios segundos dirige sus ojos hacia abajo a la derecha y usted le pregunta: ¿Qué piensas? –Me estaba diciendo que sería fácil ... La persona confirma inconscientemente («Me estaba diciendo») que mantenía un diálogo interno (ojos dirigidos hacia abajo a la derecha).
- Su interlocutor mira ostensiblemente el techo y a la pregunta ¿Qué piensas?, responde: Pensaba en la tarde de ayer ... Veo todavía la cara de X cuando se enteró de ... (memoria visual).

Es evidente que lo más corriente es utilizar predicados del registro neutro. Pero la estructura, el tema de la conversación que sigue a un movimiento ocular puede confirmar el tipo de representación al que la persona apelado. Ejemplo: ¿Qué piensas de trabajar con X? –Eh..., bien... (mirada perdida, después un breve acceso hacia abajo a la derecha y luego a la izquierda), me molesta un poco porque no me gusta demasiado su manera de trabajar. Esa persona ha tenido un acceso visual, después un diálogo interno y luego ha experimentado emociones unidas a las conclusiones de ese rápido diálogo. Recuerde que a partir de los movimientos oculares usted puede deducir qué tipo de operaciones mentales utiliza esa persona, pero nunca qué piensa. Dedique tres días a este ejercicio.

Días 26 al 30

DESCUBRA EL SISTEMA DE REPRESENTACIÓN PREFERIDO de sus interlocutores y hágales preguntas utilizando ese sistema. Ejemplo: Yo no creo en el éxito del proyecto Alfa puesto que, cómo decirlo... (ojos dirigidos hacia abajo a la derecha), algunas dificultades me parecen insuperables actualmente– ¿Qué entiendes tú por insuperables? (Diálogo interno, por tanto predicado auditivo.)

Otro ejemplo: Si el proyecto Beta tiene éxito (ojos hacia abajo a la izquierda) (sonríe), creo que será un gran paso para la sociedad. –¿Sientes que eso ocurrirá? (Acceso kinestésico, predicado kinestésico.)

Un tercer ejemplo: Tengo una idea estupenda para el proyecto Gamma. (Ojos hacia arriba.) –¡Teniendo en cuenta tu imaginación seguro que será buena! Enséñanosla. (Acceso visual, predicado visual.)

6. La calibración

La calibración es una técnica que consiste en descubrir en un individuo los indicadores no verbales que él asocia a algunos estados internos. El estado interno es el estado en el que se encuentra una persona en un momento determinado. Ese estado traduce su adaptación al entorno: alegría, tristeza, concentración, duda, seguridad, certeza, ansiedad, angustia, felicidad... En cada momento, aquello que se vive interiormente está compuesto de una multitud de asociaciones de circuitos neuronales de las que emergen las imágenes, los sonidos, las sensaciones, los sentimientos, las emociones, etc., que se revelan exteriormente por un comportamiento en el que se pueden describir los componentes no verbales. Por ejemplo: el señor K está enfadado y lo dice abiertamente. Verbalmente describe su enfado y lo que siente en su interior. De manera no verbal ofrece al observador docenas de indicadores comportamentales y microcomportamentales:

- Gestos (bruscos, vivos, índice apuntando hacia el interlocutor);
- Postura (idas y venidas en la habitación);
- Rostro (piel pálida, movimiento de las aletas de la nariz, contracturas frecuentes de las mandíbulas, boca estrecha, labios apretados);
- Mirada (ceño fruncido, arruga vertical entre las cejas, movimientos rápidos de los ojos); respiración (fuerte, sonora, sin suspiros).

Todas estas características comportamentales aparecen cuando el señor K está enfadado. Si más tarde vemos que el señor K manifiesta los mismos signos exteriores, aunque no escuchemos ninguna de sus palabras, podremos afirmar casi con toda seguridad que se halla en el mismo estado interno de enfado. Además de los indicadores de este ejemplo sabemos descubrir otros más finos.

Quién no ha dicho alguna vez: «¡Cuando me ha saludado he visto que algo no iba bien!». La PNL propone un modelo y un campo de aplicación de esa competencia semiconsciente, adquirida desde la infancia, que nos permite reconocer las discordancias existentes entre lo verbal y lo no-verbal.

Reconocer el estado interno de una persona

Una madre lastima involuntariamente a su hijo de seis años, el cual manifiesta su enfado y se va a una esquina de la habitación. Su madre se le acerca para cogerle por el brazo; el niño la rechaza volviéndose todavía más hacia la pared. La madre cambia entonces de táctica y le empieza a hablar, explicándole las causas de su error, la tristeza que siente por haberle hecho daño y lo que le propone para reparar su error. Poco a poco ve cómo cambia la cara del niño: se afloja toda ella, desaparece el ceño fruncido, su cabeza se inclina; la coloración de sus mejillas disminuye, y la madre ve como desaparecen los signos no verbales del enfado y aparecen los del buen humor. En ese momento la madre puede acercarse al niño ya que, al haber cambiado su estado interno, aceptará el contacto.

La calibración permite reconocer de manera muy fiable un estado interno en una persona puesto que un gran número de los parámetros identificados son difícilmente dominados. No se puede actuar sobre ellos. En efecto, usted puede intentar disimular una emoción verbalmente y evitar hacer algunos gestos, pero no controlará los microcomportamientos porque no es consciente de ellos. Si hemos calibrado en una persona un «estado de tranquilidad» (por ejemplo escuchar música en un ambiente agradable) y en el marco de una terapia necesitamos que entre de nuevo en ese estado, con la calibración podremos verificar fácilmente si lo ha conseguido, y si es necesario ayudarle a reencontrar ese estado.

Tomemos por ejemplo un caso en un contexto comercial: una sociedad de formación y asesoramiento envía un consultor para establecer una colaboración con uno de los responsables de la empresa. Durante la fase de descubrimiento de ese cliente potencial, el consultor le interroga sobre las formaciones que ya ha realizado. Puede entonces calibrar fácilmente aquello que corresponde a los estados «satisfecho» e «insatisfecho» de ese cliente. Cuando le toque el turno y trace las grandes líneas de su proyecto de colaboración, el consultor podrá verificar en cada momento, y sin necesidad de que el cliente hable, su grado de aprobación. En ese momento la sincronización verbal y no verbal ayuda a crear un clima de confianza propicio para establecer un diálogo rico y abierto.

¿Qué se puede calibrar?

Algunos indicadores del estado interno son fácilmente identificables, otros son más sutiles. Los parámetros evidentes son:

- La postura general;
- las expresiones contrastadas del rostro;
- los parámetros más sutiles:
- la coloración de la piel;
- los pliegues y rayas de la cara;
- el brillo de la mirada;
- el tamaño de las pupilas;
- los movimientos finos de las cejas;
- el aleteo de las pestañas;
- todas las posiciones de los párpados y sus movimientos;
- los movimientos de las aletas de la nariz;
- la coloración y el tamaño de los labios, sus rictus, sus movimientos involuntarios (mordisqueos, etc);
- el mentón (coloración y movimientos);
- la inclinación de la cabeza, los cabeceos, etc;
- la voz: velocidad (rapidez), ritmo (fluido, entrecortado, regular, brusco...), volumen (débil, medio o fuerte);

- la respiración (especialmente en la relación terapéutica) que puede ser abdominal, torácica, superficial, profunda, regular o brusca y entrecortada por pausas o suspiros;
- los pequeños movimientos involuntarios de algunos músculos (de los dedos, de la cara) o de venas superficiales (en las sienes).

Recompensamos seguidamente a todos los que han tenido el valor de leer esta lista: ¡No tienen que calibrarlo todo! Lo más importante es anotar las modificaciones de uno o más parámetros en el momento en que la persona cambia de estado interno. Por ejemplo: el señor K discute con usted sobre un tema que le atañe muy de cerca. Usted tiene una opinión contraria a la suya. A lo largo de la conversación, ve aparecer modificaciones sobre el rostro del señor K: su piel se vuelve pálida, contrae la mandíbula, mueve dos o tres veces las aletas de la nariz y se forma una línea vertical entre las cejas. Usted sabe desde hace poco que esos son los parámetros del enfado de ese hombre y podrá tenerlos en cuenta para manejar esa fase del diálogo. Si no lo sabía pero se ha dado cuenta de esas modificaciones, puede verificar la naturaleza de esos cambios de calibración haciéndole una pregunta simple y directa: «Señor K, tengo la impresión de que mi propuesta le sorprende o le choca, ¿me equivoco?». Poco importa la manera de formular, lo esencial es no comportarse como si nada pasara. Ésa sería la mejor manera de comunicarse mal. En terapia, especialmente en hipnosis o relajación, es habitual fijarse en la respiración o en las variaciones de los pequeños parámetros del rostro para conducir la sesión.

¿Cómo familiarizarse con la calibración?

Día 31

Antes de trabajar la calibración propiamente dicha, le proponemos TOMAR CONCIENCIA DE SU CAPACIDAD PARA UTILIZAR TRES DE SUS PRINCIPALES FUNCIONES SENSORIALES: LA VOZ, EL OÍDO Y LA PROPIOCEPCIÓN, es decir el conjunto de las sensaciones que provienen de su organismo (tensión de los músculos, posiciones relativas de sus miembros, sensación de hambre o de sed, de saciedad, de escalofrío, de tranquilidad, presión, etc.).

A pesar de que muchos de nosotros gozamos de buena vista, son pocos los que verdaderamente saben mirar. Lo mismo ocurre con entender y escuchar. En cuanto a la propiocepción, cuántos dolores de espalda se evitarían si supiéramos reconocer desde el principio «esa pequeña molestia que aparece cada vez que estoy durante un buen rato en el sillón o cuando me agacho para recoger los juguetes de los niños, doctor». Durante estos ejercicios, usted va a verificar una vez más que podemos explotar más a fondo nuestros recursos y obtener un interesante beneficio.

Elija un COLOR (amarillo, rojo, verde, azul, malva) y sin moverse de donde está, nombre todos los objetos de su alrededor que contengan ese color. Por ejemplo, en el momento de redactar estas líneas puedo enumerar veintiocho objetos azules, diez rosas y siete objetos amarillos.

Realice este entrenamiento tres veces al día en lugares diferentes para variar los puntos de vista.

Día 32

Hoy realice tres veces la siguiente experiencia: permanezca inmóvil durante diez minutos y escuche todos los SONIDOS diferentes que le llegan. ¿Cuántos hay? Cuando los haya contado, escúchelos de nuevo y clasifíquelos en dos grupos de la siguiente manera: 1) según su volumen, del más fuerte al más débil, y 2) según su velocidad, del más lento al más rápido.

Día 33

Hoy elija un color. Enumere todos los objetos que son de ese color y después clasifíquelos por MATICES del más claro al más oscuro y del más brillante al más mate. ¿Existen dos (o más) objetos diferentes con el mismo matiz?

Día 34

Hoy realizará tres veces el ejercicio siguiente. Escuche los diferentes sonidos que le llegan. Elija uno que posea un VOLUMEN MEDIO, es decir ni fuerte ni inaudible.

Fije su atención sobre ese sonido y escúchelo de manera continuada durante un minuto, sin que otros sonidos le distraigan. Si usted es melómano puede hacer este ejercicio con música fijando su atención, por ejemplo, en un instrumento en particular o en una voz de acompañamiento.

Estos ejercicios aspiran a agilizar sus sentidos. Quizás le haya asombrado la cantidad de sonidos diferentes o de objetos verdes que le rodean.

Cuando los astrofísicos descubren una nueva estrella, no significa que haya aparecido en ese momento en el Universo sino que aparece en la conciencia de esos hombres. No es tan importante la nueva estrella que han descubierto como su propia capacidad de descubrir.

Recuerde que la «realidad» nos ofrece el número exacto de información que nosotros somos capaces de asimilar.

Día 35

Hoy va a practicar tres veces, y durante tres minutos cada vez, el siguiente ejercicio: dirija su atención sucesivamente sobre DIFERENTES PARTES DE SU CUERPO empezando por las zonas que están apoyadas. Por ejemplo, si está en un sillón puede sentir sus pies sobre el suelo, sus piernas y sus nalgas que ejercen una presión más o menos grande sobre el asiento, su espalda, sus hombros contra el respaldo, sus manos, sus codos, sus antebrazos sobre los brazos del sillón. ¿Su región lumbar es sensible?

Después dirija su atención sobre su cuello y su cabeza. Compruebe que su posición es correcta. Al hacer mentalmente este «recorrido corporal» habrá podido notar un dolor, una crispación, una tensión o un desequilibrio, incluso ligero, en su cuerpo. Si así es corrija entonces esos parámetros con el fin de obtener una sensación de bienestar general. Ahora puede interesarse por otras regiones: ¿Tiene sed? ¿Tiene hambre? ¿Cómo siente su vientre? ¿Su cintura está muy apretada? ¿Tiene algún dolor? Después tome conciencia de su respiración. ¿Es regular? ¿Cuál es su ritmo? ¿Está libre de todo obstáculo? ¿Respira por la boca o por la nariz? ¿Siente el paso del aire en la parte posterior de su garganta y en lo alto de su tráquea? ¿Puede sentir el latido de su corazón? ¿A qué ritmo late?

Aconsejamos realizar este ejercicio en momentos diferentes: antes de una emoción fuerte, bañándose, cuando está echado antes de dormirse, durante una comida. ¡Seguramente le sorprenderá el número de pequeños dolores y tensiones que se pueden suprimir fácilmente, así como el número de regiones del cuerpo que se ignoran durante veintitrés de las veinticuatro horas del día!

En los días siguientes, sin necesidad de hacer sistemáticamente todo el ejercicio, dedique algunos segundos a realizar el recorrido corporal y corregir lo que deba.

Día 36

Hoy, escoja tres personas con las que conversará durante al menos quince minutos. Con una de ellas dirija la conversación sobre el RECUERDO DE UN SUCESO AGRADABLE. Cuando su interlocutor cuente ese episodio feliz (si necesita, ayúdele haciéndole preguntas y10 haciendo las reflexiones pertinentes) observe y escuche globalmente lo que manifiesta de manera no verbal. Haga una «foto» de su cara y su actitud en el momento en que la emoción que manifiesta sea más fuerte. Memorice su voz, incluso sin palabras. Después de la conversación, dedique algunos minutos a anotar los parámetros más característicos asociados al estado interno observado.

Recomendamos sobre todo ser flexible: si su interlocutor no quiere hablar sobre el tema escogido, no insista.

Si lo hace de manera espontánea, incluso antes de que usted hable, esté preparado para aprovechar la ocasión. Para trabajar, disponga de un lugar iluminado y a ser posible tranquilo. Sincronícese con sus interlocutores, pues así le será más fácil conducir la conversación sobre el terreno elegido.

No se sienta obligado a anotarlo todo, a verlo todo, a oírlo todo. Empiece por calibrar estados bastante simples. Con el tiempo y de manera natural usted afinará su capacidad para hacerlo y llegará a distinguir los parámetros más sutiles.

Día 37

Elija a una persona con la que pueda mantener una conversación durante veinte minutos. Utilice para ello el momento de una comida o un rato de descanso. Oriente la conversación hacia un «TEMA SERIO» (profesional, económico) con cuidado de no provocar ningún sentimiento demasiado vivo.

Calibre ese estado bautizado como «serio». Después oriente la conversación hacia otro tema, introduciendo un componente emocional más marcado (irritación, alegría, indignación, autosatisfacción, confusión).

Calibre ese nuevo estado anotando mentalmente aquellos parámetros que han variado en relación a la calibración del estado anterior. Reconduzca la conversación sobre un terreno serio y calibre de nuevo ese estado.

Compruebe que aparecen de nuevo los elementos no verbales que había observado al principio.

Recomendaciones: durante la segunda calibración, aquella en la que la emoción está más marcada, espere que su interlocutor esté «dentro». No lo deje estar durante demasiado tiempo en ese estado. Piense siempre en la noción de respeto que sostiene la PNL. Utilice la conexión establecida para guiar la conversación.

Días 38 al 40

Realice este ejercicio dos o tres días. Elija el interlocutor con el que pueda mantener diversas conversaciones. Su tarea va a consistir en calibrar EL MAXIMO NÚMERO DE ESTADOS INTERNOS que haya identificado con la mayor certeza. Por ejemplo puede leer en su rostro sorpresa, irritación, alegría, incomprensión, aceptación, curiosidad, cansancio, vitalidad ... Estos estados pueden ser espontáneos o provocados por usted.

Cuando usted haya construido mentalmente esta pequeña «troncoteca», compruebe la validez de sus calibraciones preguntándole al interesado. Si usted calibra el estado de cansancio, pregúntele: Pareces cansado, ¿no?, o si la persona muestra interés por algo: Tengo la impresión de que esto estimula tu curiosidad, ¿no? Tenga en cuenta el contexto cultural que niega la fatiga o la curiosidad por miedo a ser confundidas por debilidad o indiscreción.

EL EJEMPLO DE FERDINAND

Mi empresa está formada por miles de empleados y es de ámbito internacional. Su estructura jerárquica ha sido reducida a tres niveles: ejecutivo, dirección y dirección general.

Para asegurar una gestión preventiva de los empleados y favorecer un relevo interno, un servicio de gestión y desarrollo de empresas se ha encargado de la evaluación de los potenciales, entrevistas de desarrollo y formación.

La PNL, y más particularmente la calibración, obtienen grandes resultados en el marco de las entrevistas de desarrollo.

Una entrevista de desarrollo tiene como finalidad definir el perfil de un colaborador o colaboradora según los criterios relevantes de la dirección. Permite establecer un «cuadro de mandos» de las competencias (cualidades, debilidades) de esa persona y de proponer un plan de formación individualizado para ella. Se desarrolla en tres etapas: 1) el contrato (identificación de las expectativas de la persona evaluada); 2) la conversación no dirigida; 3) mi comentario (cuadro de mandos) y una propuesta de formación/desarrollo.

Primera etapa

Esta fase es muy importante. El candidato expresa sus objetivos profesionales y personales y define sus expectativas.

Se formulan preguntas del tipo: ¿Cuáles son sus objetivos/deseos a corto, medio y largo plazo?

¿Qué espera de la entrevista? Es esencial dedicar suficiente tiempo a esta etapa durante la que, en calidad de responsable de la entrevista, debo ayudar al candidato a expresar sus objetivos y sus expectativas.

Debo asegurarme de que el «contrato» está claro para mi interlocutor y que los índices de validación son reconocidos tanto por él como por mí.

Segunda etapa

En la conversación no dirigida se tratan temas profesionales y extraprofesionales. Cada tema tratado está relacionado con los proyectos, experiencias o realizaciones del candidato y tiene como finalidad descubrir sus virtudes y defectos para la dirección de personas y proyectos. Durante esta etapa es posible calibrar estados internos puesto que se habla de experiencias positivas o difíciles. Las preguntas son del tipo:

¿Cuál es la experiencia o el proyecto del cual ha obtenido más satisfacción?

¿Por qué le gusta este proyecto? ¿Existen situaciones en las que no está contento? Descríbalas. ¿Por qué motivos no le gustan?

Tercera etapa

El comentario («cuadro de mandos») se da al finalizar la entrevista. Es una fase delicada ya que lo que está en juego es importante: el futuro del candidato en la empresa depende del resultado. Gracias a la calibración realizada previamente, es posible medir el impacto de los elementos descubiertos así como de las medidas propuestas, comentarlos y explicarlos, con la seguridad de que hay congruencia entre las expectativas del candidato y aquello que expresa.

Con frecuencia, los intercambios más interesantes y más constructivos tienen lugar tras la observación de divergencias entre las afirmaciones recogidas y los estados internos observados gracias a la calibración, ya que en esos momentos el diálogo se vuelve más abierto.

7. La brújula del lenguaje

La brújula del lenguaje es una simplificación racional del metamodelo de Grinder y Bandler. Se la debemos a la creatividad de Alain Cayrol.

El metamodelo es un conjunto de herramientas lingüística que permiten al emisor comprender, de la manera más precisa posible, el modelo del mundo de su interlocutor.

En efecto, el lenguaje y las palabras utilizadas para transmitir la construcción de la realidad de cada uno no son más que un reflejo de esa construcción. Son una serie de signos convencionales y culturales, organizados en frases. Algunos designan objetos y son un poco más precisos que aquellos que designan los conceptos abstractos; llamados «realidades de primer y segundo orden» por Paul Watzlawick, psiquiatra americano, uno de los responsables de la escuela de Palo Alto. La palabra «silla» remite a una gama de objetos que tienen unas características comunes, mientras que la palabra «armonía» no tiene un referente concreto. Utilizada sin contexto tomará el sentido que cada uno privilegie. Sola, no podrá ser portadora de información fiable.

A menudo los testigos de un mismo acontecimiento registran diferente información (VAKO externo). Cada uno de ellos tratará los elementos (VAKO interno) atribuyéndoles un significado, creará relaciones entre ellos y les atribuirá cargas afectivas y emocionales extraídas de sus propias experiencias. Esto explica las frecuentes divergencias que existen entre esas personas. No se pone en duda la sinceridad de cada una de ellas, pero esa sinceridad no es un criterio de «verdad». El lenguaje es un código necesario para la formación y transmisión del pensamiento. Si deseamos comprender mejor el mundo interior de alguien, necesitamos información precisa que nos revele la realidad tangible y concreta a la que corresponde, por ejemplo cuál es su idea de la felicidad cuando nos habla de su deseo de ser feliz. Extraída del metamodelo, la brújula del lenguaje es de más fácil manejo:

- AL OESTE, nos encontramos las reglas. Por reglas se entiende las formulaciones del tipo: se dice, es necesario, esto no se hace, no hay que, sólo una madre tiene derecho a...
- AL ESTE nos encontramos los juicios: Está bien/mal, eres un estúpido, Paul es torpe, los americanos son incultos, los españoles son susceptibles, la PNL es el mejor enfoque de la comunicación.
- Remarcaremos que un juicio puede estar generalizado o no. Por esta razón hemos querido distinguir los juicios de las generalizaciones.
- AL SUR, nos encontramos las suposiciones. Se clasifican en tres categorías:

  1. Las causas-efectos: No se lo pude decir pues me miraba a los ojos (x provoca y).
  2. Las lecturas de pensamiento: Si le digo la verdad, no me creerá. Yo sé lo que piensa.
  3. Las equivalencias complejas: Ella le admira, no le dirige jamás la palabra (x equivale a y).

- AL CENTRO nos encontramos las generalizaciones, especialmente las palabras: siempre, jamás, cada vez, nosotros, las mujeres...
- AL NORTE nos encontramos los hechos: quién, qué dónde, cómo, cuánto, cuándo...

¿Para qué sirve la brújula del lenguaje?

La brújula del lenguaje nos impide hablar sin sentido. Permite reorientar una conversación. En caso de desacuerdo o de incomprensión, lo importante es señalar al NORTE, hacia los hechos. Es la dirección de referencia hacia la que se ha de volver para aclarar una situación. Volver a los hechos es llegar a una descripción exenta de juicios, de sobreentendidos, comparaciones inverificables, de amalgamas o de esos valores afectivos con los que cada uno completa los hechos. Generalmente los rumores tienen menos valor para aquellos que dan más importancia a los hechos que a su interpretación.

Por ejemplo, piense en alguien que diga: «¡Ese tipo tiene el don deponerme nervioso! ¿Os habéis fijado que es el último en salir del despacho? Estoy seguro de que es para hacer creer que trabaja más que nosotros y complacer así a la dirección. No se debe confiar nunca en las personas que eternamente tienen una sonrisa en sus labios! Esconden su juego». He aquí una representación esquemática de lo que decimos en voz alta.

Hemos exagerado los rasgos para sensibilizarle sobre este aspecto de la comunicación. No obstante, ¿quién puede jurar que nunca ha oído palabras como: Él me asusta. Nadie me ayuda. Solamente si te empeñas lo conseguirás. Cuando su interlocutor eleva los ojos es que ha dejado de escucharle... Bien mirado, nosotros utilizamos todas esas formulaciones; este libro mismo contiene un buen número. Es importante extraerlas, sobre todo cuando la dificultad proviene de la manera de INTERPRETAR LOS HECHOS que de los hechos mismos. Por ejemplo, cuando A dice: «Lo que me pone triste es sobre todo pensar que si B me ha dicho eso es porque no me quiere».

El hecho es que B le ha dicho algo a A. El problema viene principalmente del significado que A le da a lo que ha dicho B. En ese caso, como ayudar a A a interpretar de diferente manera esa situación? Haciéndole preguntas que le lleven de nuevo a los hechos: ¿Cómo sabes que no te quiere? ¿Qué te ha dicho para demostrarte que no te quiere?

Nosotros le daremos poco a poco los ejercicios y las preguntas que se pueden hacer para orientase hacia el norte, según los temas elegidos.

ATENCIÓN: La finalidad no es arremeter de forma sistemática contra una regla o una generalización, o cualquierotra forma de expresión, sino verificar si son útiles o realmente apropiadas ante una situación determinada. Estas cuestiones permiten REVALUAR esas reglas, esas generalizaciones en función del contexto situacional y constituyen la primera etapa de un cambio. Evite ante todo acusar. A pesar de las buenas intenciones, una conversación se puede convertir en un interrogatorio policial.

Durante los cursos de formación, es raro que los estudiantes no lo hagan a modo de juego. Es el momento de descanso, tengo que ir a beber algo. Esta frase conlleva invariablemente preguntas del tipo: ¿Qué pasaría si no lo hicieras? ¿En qué modo la pausa te obliga a ir a beber? ¿Qué pasaría si no hubiera pausa?, etc.

Para finalizar, no resistimos la tentación de transcribir la frase de un político, escuchada por radio una mañana: «¡Ah, no! /No me hable de hechos! Yo ya tengo formada mi opinión».

¿Cómo familiarizarse con la brújula del lenguaje?

Día 41

HOY LEA ATENTAMENTE UNA ENTREVISTA DE UN PERSONAJE POLÍTICO cuyas ideas políticas estén próximas o alejadas de las suyas. Haga una primera lectura remarcando las generalizaciones, las reglas, los juicios y las diferentes formas de suposición. Anote seguidamente las ideas con las que está usted de acuerdo y en desacuerdo. ¿En qué se basan? ¿En hechos? ¿En juicios? ¿En generalizaciones?

Día 42

Hoy MIRE UN DEBATE TELEVISADO O una emisión de ese tipo (si no hay, aplace el ejercicio para otro día). Prepare una tabla en la que escribirá todas las formas lingüísticas mencionadas sobre la brújula. A medida que las reconozca, clasifíquelas en la tabla. Es probable que la columna de los hechos no esté muy llena.

Día 43

Hoy aprenderá a DESCUBRIR LOS «PROTECTORES» EN EL LENGUAJE: por ejemplo los «se» y «es» impersonales, nosotros», «ellos» (es sabido que la motivación por objetivos es la única válida), toda fórmula que utiliza giros b impersonales en lugar del «yo».

Imagine ahora a la persona diciendo la misma frase pero apropiándose de la idea y capte la diferencia (yo pienso que la motivación por objetivos es la única válida).

Día 44

Hoy DESCUBRA, sin cambiarlas, LAS FÓRMULAS DE «PROTECCIÓN» QUE EMPLEA USTED.

Día 45

Hoy, casi podría ser llamado el «DÍA VERDAD»: usted solamente va a utilizar las formas personales: «Yo pienso que mi manera de ser, según mi experiencia ...»

Día 46

HOY, REFORMULE LAS PROPOSICIONES GENERALIZADORAS DE SUS IN-TERLOCUTORES EXPRESANDO LA PRIORIDAD DE SU DISCURSO.

Ejemplo:

«No se puede hacer así.»

«Si he entendido bien, tú prefieres no hacerlo de esta manera.»

Este ejercicio devuelve a la persona que lo practica la perspectiva necesaria para juzgar correctamente lo que se acaba de decir. De esta manera se dejará influenciar menos por las ideas de su interlocutor, que habrán sido restituidas en un contexto preciso, y estará incluso en condiciones de comprender el alcance real.

Esta actitud es muy útil en las situaciones en las que uno se siente el más «frágil» y «expuesto». Tomemos, por ejemplo, el caso de un joven estudiante al que una persona de su confianza le dice: «Es sabido que la integración de un principiante lleva su tiempo». Ese joven corre el riesgo de integrar esta afirmación como una verdad universal.

Incluso si se cumple en ese caso, nosotros creemos que es una fuerte incitación a que ese joven renuncie a la idea de poder integrarse rápidamente y que no haga nada para conseguirlo.

Día 47

Hoy usted va a pronunciar voluntariamente, durante el día, TRES GENERALIZACIONES Y TRES REGLAS. Algunos se sorprenderán de la facilidad con la que utilizan en sus discursos una u otra forma, o incluso las dos.

Día 48

HOY, DESCUBRA LAS GENERALIZACIONES EN SUS INTERLOCUTORES. DOS veces al día usted ayudará a las personas a orientarse hacia el norte haciéndoles una pregunta.

Si alguien le dice: «El departamento de marketing no entiende los problemas del terreno».

Pregúntele:

«Según tu opinión, ¿qué es en concreto lo que no entienden?, o «¿De qué problemas hablas?».

Existen muchas preguntas de este tipo. Es importante no hacer las preguntas de una manera muy directa como: «¿Quién», «¿Qué problemas?» A veces es incluso necesario reformular el pensamiento de la persona antes de hacer su pregunta: «Cuando dices que el departamento de marketing no entiende los problemas del terreno, ¿de qué problemas hablas?»

Realice este ejercicio en un contexto en el que exista una buena relación. Esto supone que usted habrá sincronizado con la persona.

Día 49

HOY DESCUBRA LAS GENERALIZACIONES Y LAS REGLAS EN SUS INTER-
LOCUTORES. A lo largo del día, usted invitará a las personas a orientarse
hacia el norte haciéndoles dos preguntas sobre las generalizaciones y
dos preguntas sobre las reglas.

Ejemplo de preguntas sobre las reglas:

«No me puedo permitir pedirle que...» «¿Quién te lo impide?» o
«¿Qué pasará si lo haces?»

Evite hacerle las cuatro preguntas a la misma persona, aunque su discurso le ofrezca la oportunidad. Hágaselas por lo menos a dos personas
diferentes.

Día 50

HOY EXPRESE TRES REGLAS Y TRES JUICIOS. Al igual que el ejercicio del
día 47, hágalo con personas diferentes. Si, cuando les toque el turno,
sus interlocutores formulan reglas, juicios, etc., diviértase comproban-
do lo fácil que es alargar una conversación sin decir nada en concreto.

Día 51

HOY DESCUBRA LAS REGLAS Y LOS JUICIOS. A lo largo del día, invite
a las personas a orientarse hacia los hechos haciendo dos preguntas
sobre las reglas y dos preguntas sobre los juicios.

Ejemplos de preguntas sobre los juicios:

«Los alemanes son puntuales.»

«¿Qué es lo que te hace decir eso?»

«¡La formación no sirve para nada!»

«¿De qué formaciones en particular hablas?»

o bien

«...Para nada».

«¿En qué te basas para decir eso?»

Evite sobre todo los «por qué» en estos casos; provocarían justificacio-
nes y racionalizaciones:

«La formación no sirve para nada.»

«¿Por qué dices eso?»

«Porque siempre es lo mismo. Al principio te entusiasmas y después, al cabo de unos días, te das cuenta de que continúas haciéndolo como antes.»

Día 52

Hoy, a lo largo del día, ENUNCIE VOLUNTARIAMENTE TRES JUICIOS Y HAGA TRES LECTURAS DEL PENSAMIENTO.

Esté siempre atento a la reacción de sus interlocutores.

Día 53

HOY DESCUBRA LOS JUICIOS Y LAS LECTURAS DEL PENSAMIENTO.

Como los días precedentes, realice a lo largo del día dos preguntas relacionadas con los juicios y dos preguntas sobre las lecturas del pensamiento.

Ejemplo de preguntas sobre las lecturas del pensamiento:

«De todas maneras, él no estará de acuerdo.»

«¿Cómo lo sabes?»

La tentación de preguntar por qué puede ser fuerte.

Pero si no me atrevo a pedirle algo a alguien porque creo que no estará de acuerdo, más interesante que el porqué es saber cómo sé yo que no estará de acuerdo.

Día 54

HOY DESCUBRA LAS LECTURAS DEL PENSAMIENTO Y LAS EQUIVALENCIAS COMPLEJAS.

Durante el día usted hará dos preguntas sobre las lecturas del pensamiento y dos preguntas sobre las equivalencias.

Ejemplos de preguntas relacionadas con las equivalencias: «El proveedor no nos ha enviado nada, ¡nos toma el pelo!»

«¿El hecho de que ... en qué prueba que...?»

O

«¿Tú crees que ésa es la única explicación?».

Recuerde que es importante mantener una buena relación con el interlocutor y que, a menudo, conviene que la pregunta esté precedida por una reformulación.

Día 55

HOY DESCUBRA LAS EQUIVALENCIAS COMPLEJAS Y LAS CAUSAS-EFEC-TOS. Cuatro veces al día usted ayudará a las personas a descubrir los hechos haciéndoles dos preguntas sobre las equivalencias y dos sobre las causas-efectos.

Ejemplos de preguntas sobre las causas-efectos:

«Cuando me habla en ese tono, no puedo negarle nada.»

«¿Qué relación hay entre el hecho de que te hable en ese tono y el que tú no puedas negarle nada?»

O

«¿Qué es lo que entiendes cuando él te habla de esa manera?».

Día 56

Hoy, último día de la práctica de la brújula del lenguaje, le invitamos a REVISAR EL CONJUNTO DE FORMAS LINGUÍSTICAS ESTUDIADAS. Esto le será fácil cuando:

- Mire un debate televisado o una emisión de ese tipo;
- lea un artículo político;
- escuche atentamente a dos personas que se encuentre durante el día. Piense en utilizar las preguntas que pueden ayudarles a evocar los hechos si lo considera necesario.

RECUERDE: Utilice solamente el discurso factual y la brújula cuando sean útiles, por ejemplo para hacer evolucionar el curso de una entrevista, para aclarar un malentendido, progresar rápidamente durante una reunión, etc.

8. El ancla y el anclaje

«Todavía hoy el olor de los pequeños limones verdes hace resurgir en mi memoria una sensación envolvente de calor tropical, de felicidad, de ambiente afectuoso y alegría. ¡El olor del pequeño limón verde es mi magdalena de Proust!»

(Henri Laborit, *La Vie antérieure*).

La relación privilegiada establecida aquí por Henri Laborit entre un olor y la emoción sentida se llama anclaje. En este caso se trata de un ancla «natural» puesto que nace de una manera espontánea. El olor del pequeño limón verde se llama ancla. El ancla es el estímulo sensorial que permite que una persona experimente un estado interno particular. El número de anclas existente es infinito. Pueden ser: visuales, auditivas, kinestésicas, olfativas o gustativas. Grinder y Bandler han sabido utilizar de manera consciente y constructiva este fenómeno natural, tal y como ya había demostrado Ivan Petrovitch Pavlov.

Psicólogo ruso, premio Nobel en 1904, Pavlov se hizo célebre gracias al siguiente experimento: en una primera fase, cuando se le mostraba comida a un perro, éste salivaba.

En una segunda fase, cada vez que se le daba comida se hacía sonar una campana. Al cabo de algunos días de asociación comida / campana, el sonido de la campana era suficiente para provocar la salivación del animal.

En términos de la PNL, esta experiencia se explica así: la comida corresponde a una doble estimulación externa (visual y olfativa) que produce como respuesta el deseo de comer (kinestésico) que se traduce exteriormente por la salivación (kinestésico).

La campanilla corresponde a un enriquecimiento auditivo del VAKO externo que luego puede sustituirse completamente por la doble estimulación visual y olfativa externa y provocar las manifestaciones kinestésicas (el deseo de comer y la salivación). Siendo V igual a Visual, O a Olfativo, A a Auditivo y K a Kinestésico, se dan las tres etapas siguientes:

1. $V + O = K$
2. $V + O + A = K$
3. $A = K$

Un proceso de evolución personal

El anclaje puede ser utilizado en el marco de un proceso de evolución personal y en el de la comunicación con los demás. El anclaje le permitirá:

- Personalmente, acceder a un recurso interno para manejar las dificultades y sacar el máximo provecho de sus cualidades (dedicaremos varios ejercicios a conseguirlo), o también a memorizar una tarea. Por ejemplo, si usted ha olvidado varias veces devolverle el libro a un amigo puede utilizar el anclaje. En el momento en que piense: «Es absolutamente necesario que mañana le devuelva este libro a Bernard», puede hacer repetidas veces el gesto de abrir su puerta de entrada sin tener realmente el pomo en la mano. Usted asociará a este gesto el nombre de Bernard y la cubierta del libro. Repita mentalmente la operación tres o cuatro veces. De esta manera al día siguiente cuando abra la puerta para salir de casa pensará automáticamente en Bernard y en el libro. El mecanismo utilizado es la relación entre lo que debemos pensar (el libro) y un estímulo inevitable (aquí, el hecho de abrir la puerta para salir de su casa).

• Con los demás, reinstalar más fácilmente una relación positiva (dedicaremos varios ejercicios).

El anclaje se utiliza habitualmente en numerosas situaciones, especialmente en terapia; pero ese no es el objeto de este libro.

Sin embargo veamos un ejemplo: Bernard recibe a una paciente, Veronique, muy angustiada. Un mes antes, mientras conducía había tenido una crisis de tetania.

Como comerciante en los alrededores, tenía que ir tres veces por semana a París a buscar los artículos. La sola idea de coger de nuevo el coche para hacer el mismo trayecto la aterrorizaba. Pero no podía abandonar el trabajo. Bernard calibra el estado de miedo de Veronique. Le propone buscar un estado interno de confort y de total seguridad. Al cabo de unos segundos, Veronique describe una situación en la que se sintió particularmente contenta y tranquila, sin nervios. Bernard la ayuda entonces a ampliar su recuerdo haciéndole ser consciente del «VAKO» asociado y, después de una rápida calibración, pone un ancla kinestésica tocando el antebrazo de Veronique durante algunos segundos.

Con el fin de verificar si este anclaje es suficiente, Bernard cambia de conversación y la invita a salir del estado interno de confort. Seguidamente le propone continuar con la experiencia. Él estimula el ancla tocando un instante el antebrazo de Veronique y ve como en pocos segundos reaparecen los síntomas notados durante la calibración del estado de confort. El anclaje es por tanto Bernard le pide entonces que se instale delante de una pantalla imaginaria y la invita a volver a ver la escena de su crisis de tetania como si ésta hubiese sido filmada por un testigo. El ancla se revela necesaria para mantener a Veronique en el estado de confort y seguridad mientras vuelve a ver varias veces la escena. En la calibración, el estado de miedo no ha reaparecido del todo. Al final de esta experiencia, Bernard suelta el ancla y le pide a Veronique que se imagine al día siguiente cogiendo su coche y haciendo el recorrido habitual hasta llegar al domicilio de su proveedor. Veronique lo hace mentalmente sin dificultad.

Con esta simple «disociación» Veronique ha vuelto a conducir sin problemas.

¿Cómo familiarizarse con el anclaje?

Día 57

Hoy DESCUBRA en dos personas que vea diariamente, UN TEMA QUE SUSCITE EN ELLAS UN ESTADO INTERNO MUY AGRADABLE. Por ejemplo, una de ellas comenta la alegría que siente al haber terminado un proyecto en el que trabajaba desde hacía seis meses. La otra anuncia que debe ir a un concierto. Calibre los parámetros más evidentes asociados a ese estado interno tales como una sonrisa, la coloración de la piel o la manera de hablar. Nosotros aconsejamos anotarlos en una hoja diferente para cada una de las personas. Consérvelas hasta el día siguiente.

Día 58

Hoy vea nuevamente a las dos personas calibradas ayer y EVOQUE CON CADA UNA DE ELLAS EL TEMA QUE ASOCIAN A UN ESTADO INTERNO AGRADABLE: el proyecto y el concierto respectivamente, y calibre de nuevo. A menos que haya ocurrido algo grave, la simple evocación de esos temas provocará el mismo estado interno.

Dése cuenta de que en este ejercicio en dos tiempos se trata de anclas naturales que forman parte de la vida de sus interlocutores. Nosotros le proponemos que utilice las anclas naturales en el marco de una relación interpersonal, por lo que le invitamos a construir los anclajes que le serán personalmente útiles. De hecho todo puede ser un ancla. Usted mismo es un ancla viviente, positiva para algunas personas y negativa para otras y recíprocamente, algunas personas son para usted anclas positivas y otras, anclas negativas. Es fácil decir: «Es más fuerte que yo, cada vez que le veo me es imposible hablarle tranquilamente», o incluso: «Me gusta ver a Paul, me tranquiliza».

Días del 59 al 63

A partir de hoy usted va a retomar el ejercicio de ayer CON LA PEQUEÑA DIFERENCIA DE QUE VA A ELEGIR UN ANCLA MÁS SUTIL. En lugar de descubrir un tema generador de un estado interno agradable en una persona, identifique una palabra o un grupo de palabras. Ejemplo: «Ese espectáculo era... ¡grandioso!» dice su interlocutor con un tono particular, abriendo mucho los ojos y con una gran sonrisa que acentúa un suspiro. Como será su turno conversacional intente utilizar la palabra «grandioso» en el mismo tono y observe el efecto que la repetición producirá en su interlocutor. Debe encontrar la misma expresión facial que hace un momento. Realice este ejercicio con cinco personas diferentes, una por día.

Para que el ancla funcione es necesario que la palabra o el grupo de palabras elegidos sean realmente significativos. Algunos índices le ayudarán a descubrir si realmente lo son: un tono diferente, un tiempo de espera, la expresión del rostro que cambia. Utilice aquí el anclaje con el único fin de practicar. Cuando esté contento con esta práctica podrá utilizarlo con una finalidad precisa.

El humor de repetición se basa en el principio del anclaje. Cuando una palabra o una expresión provocan la risa, su simple evocación suscita esa risa. ¿Quién no conoce: «Es un hombre normal... blanco»? Cualquiera que sea el contexto, cada vez que la asociación «normal»... «blanco» aparezca, encontrará el mismo efecto. Ocurre lo mismo con el «circulen, ¡no hay nada que ver!» de Coluche, con «¡Es un escándalo!» de uno de nuestros políticos o con «mi cofre» del avaro de Molière. Existen muchos ejemplos de este tipo; todos nosotros podemos citar algunos.

9. La gestión de los estados internos

A lo largo del día, de la semana, usted vive una multitud de estados internos. En un momento determinado usted se siente contento, feliz, en otro, taciturno, vulnerable, etc. A todos estos estados están asociadas unas representaciones VAKO internas particulares que se manifiestan exteriormente por un comportamiento específico. Tomemos por ejemplo un estado interno de alegría y felicidad:

Veo el sol	Sonrío
Yo me digo que la vida es bella	Me brillan los ojos
Tengo una sensación difusa de calor	Hablo fuerte y rápido

Se puede afirmar que el estado interno representa lo que usted vive en un instante concreto, la sensación agradable o desagradable de una situación en un momento preciso. El estado interno mide su adaptación al mundo: cómo se siente aquí y ahora, física y emocionalmente. Se distinguen dos grandes categorías de estados internos: los estados recursos y los estados limitativos.

Los ESTADOS RECURSOS son los estados internos óptimos; son los más apropiados para vivir una situación. Por ejemplo: tener confianza en sí mismo a la hora de dar una conferencia si ese estado interno de «confianza» le permite tener éxito en su intervención.

Los ESTADOS LIMITATIVOS son los estados internos inapropiados para vivir una situación. Por ejemplo: tener miedo a dar una conferencia si ese miedo hace que su intervención sea un completo fracaso.

No se puede afirmar de manera absoluta que existan estados internos buenos y malos. Un estado que para una persona es limitativo puede ser un estado recurso para otra. Retomemos el ejemplo del estado interno que corresponde al miedo en el contexto de dar una conferencia. Si ese miedo hace que la persona esté atenta y que prepare minuciosamente su intervención es, de hecho, muy eficaz en esa situación y por tanto ese estado interno es un recurso para esa persona. Por el contrario, ese mismo miedo podría ser totalmente paralizador para otra persona. Así, la opinión de que únicamente los actores que están nerviosos antes de actuar son realmente buenos es sólo una creencia. El nerviosismo permite a algunos artistas desarrollar su talento mientras que a otros les limita.

Veamos otros ejemplos de ambivalencia pero con un estado interno diferente. Un estado de agitación «eufórica» al enterarse de una buena noticia es completamente apropiado. Sin embargo si usted es médico y experimenta ese mismo estado en el momento de anunciarle a su paciente que tiene una enfermedad incurable, verá cómo está fuera de tono. LOS ESTADOS INTERNOS NO SON POR TANTO NEGATIVOS O POSITIVOS. Por ejemplo, algunas personas viven de manera negativa el hecho de enfadarse. Es verdad que si sus enfados son repetitivos y frecuentes, esa propensión les puede estropear la vida y estropeársela a los que les rodean. Pero imagine ahora que su hijo de dos años intenta meter los dedos en un enchufe y que usted se enfada para evitarlo. Parece lógico decir que en esa situación su enfado es muy apropiado y seguramente más eficaz que una explicación del tipo «sabes, es peligroso; eso no se puede hacer porque te podrías hacer daño», dicha en un tono neutro y razonable.

¿Para qué sirve la gestión de los estados internos?

Controlar sus estados internos es algo que usted en parte ya sabe hacer, de manera más o menos consciente. Cuando está deprimido, escuchar su disco preferido le devuelve la sonrisa. Una noche con los amigos, programada oportunamente, le permite olvidar las preocupaciones de un día de trabajo particularmente duro y encontrar la serenidad para abordar el día siguiente, etc.

Es posible también que algunos de ustedes tengan por costumbre relativizar un problema pensando en que viven en una gran bola que gira en el espacio alrededor de un astro, que a su vez es el centro de un sistema, que a su vez forma parte de una galaxia... Visto desde esta perspectiva, un altercado con un colaborador o un problema de dinero les parecen diferentes.

ATENCIÓN: ¡NO se trata de negar sus sentimientos o sus emociones, ni de burlarse de sus problemas o adoptar la actitud «pasota»! Un chasquido de dedos y todo se le aparece bajo un cielo azul, la vida es bella y le da igual si el mundo se derrumba a su alrededor. Esta concepción se opondría a la filosofía humanista en que se basa la PNL.

Las técnicas introducidas en esta parte del libro nos llevan inevitablemente a plantearnos la cuestión de la sinceridad de los sentimientos. La idea que prevalece es que son los acontecimientos los que los provocan: son por tanto legítimos, sinceros, inevitables y espontáneos, y están asociados a la situación y no a la persona. Para abordar la gestión de los estados internos es indispensable tomar conciencia de que cada uno de nosotros genera los sentimientos que experimenta. ¿Quién no ha oído alguna vez frases como: «Me haces enfadar» o «Tiene el don de ponerme nervioso»? Si una persona tiene el don de hacer enfadar o de poner nervioso, debería ser capaz de hacerlo con todo el mundo. Lo justo por tanto es decir: «Me enfado cuando haces eso...» y «Me pongo nervioso cuando dices que ... » No son los acontecimientos los que nos hacen sentir una u otra emoción: somos nosotros mismos los que reaccionamos ante los acontecimientos en función del significado que les damos. Incluso la tristeza es un estado que se reviste de múltiples formas, diferentes para cada persona. Cuando alguien pierde a un ser querido siente un intenso dolor.

Pero un duelo de este tipo también será vivido y sentido de diferente manera según las personas. No todas controlarán del mismo modo su tristeza: algunas la vivirán muy intensamente durante un tiempo limitado y después decidirán superarla volviéndose hiperactivos. Otras entrarán en una especie de letargo o incluso evitarán dar rienda suelta a sus sentimientos mostrándose fríos y rígidos.

Aunque a algunos les pueda parecer banal decir que no todos reaccionamos de la misma manera ante un mismo hecho, esta evidencia no está completamente integrada por todos. Reapropiarse plenamente de sus emociones y sus sentimientos, de sus estados internos, le ayudará más que hacer responsables a los otros o a los acontecimientos. ¿Qué impacto podríamos tener sino sobre ellos? Estaríamos condenados a vivir en una cierta pasividad. No nos estaría permitido ningún dominio de nuestros sentimientos.

Si usted quiere desarrollar sus recursos, le proponemos adoptar definitivamente la concepción que le ofrece pilotar usted mismo sus estados internos; así podrá mantener su libre albedrío

La gestión de sus estados internos consiste entonces en:

- Construir o encontrar sus estados recursos.
- Aprender a disponer de ellos a voluntad, ayudándose de un ancla (llamado también disparador).
- Descubrir su estados limitativos y aprender a neutralizarlos.

¿QUÉ ES ESTAR ASOCIADO O DISOCIADO?

Usted ha podido notar que la evocación de un recuerdo puede estar o no acompañada de emociones asociadas a ese recuerdo. Se dice que se está asociado a un recuerdo cuando se vuelven a sentir las emociones y disociado en el caso contrario. Dedique un tiempo a realizar las experiencias «asociado/disociado» siguientes.

Estar asociado

Instálese en un lugar tranquilo en el que no sea molestado. Mentalmente, sienta como si estuviera estirado cómodamente sobre la arena caliente. Note que puede ver el cielo azul pero que por el contrario no puede ver su rostro, como si realmente estuviera estirado en la arena. Desde su perspectiva también puede distinguir los dedos de sus pies;

instalado de esta manera puede sentir los montículos de la arena bajo su espalda y el calor del sol sobre su vientre. Escuche el sonido de las olas, coja la arena entre sus dedos, sienta su olor. Usted está asociado al recuerdo.

Estar disociado

Visualice una pantalla de televisión en la que se vea estirado sobre la arena. Puede ver detalles de la escena que no percibía en la experiencia anterior, por ejemplo todo lo que sucede detrás de usted: no siente los montículos, no siente el olor de la arena. No experimenta las mismas reacciones fisiológicas. Usted está disociado del recuerdo.

Desgraciadamente, todos nosotros y de una manera espontánea nos disociamos de numerosas situaciones positivas de nuestra vida; y por el contrario nos asociamos a situaciones negativas.

Saber asociarnos o disociarnos, ser conscientes de la existencia de esta capacidad, nos permitirá controlar mejor nuestros estados internos.

¿Cómo familiarizarse con la gestión de los estados internos?

Día 64

Al regresar a su casa, tómese el tiempo necesario para REVIVIR UN MOMENTO AGRADABLE DEL DÍA. Explore el VAKO asociado a ese momento. Hágalo hasta que haya encontrado las mismas sensaciones. Asóciese a ese estado. Para guiarse, retome uno por uno los elementos:

- visuales: dónde, con quién, detalles...
- auditivos: la voz, las palabras, el ruido de fondo ...
- kinestésicos: las sensaciones de calor, de ligereza, respiración. ..

Descubra, a lo largo de esa exploración, el detalle a partir del cual empieza a sentir las emociones asociadas a ese recuerdo. Por ejemplo:

- ¿el tono de voz de una persona?
- ¿la cara de una persona?
- ¿el momento en el que usted entra?
- ¿un cuadro en la pared?

Día 65

Hoy nos proponemos PASAR UN RATO AGRADABLE VIAJANDO EN EL PASADO. Instálese en su lugar favorito y evoque un recuerdo particularmente divertido. Visualice la gente que forma parte de esa escena. Pase revista a los detalles:

- ¿Ocurre fuera, en el campo, en la calle, en su casa?
- ¿Es verano, invierno, por la tarde, por la mañana?
- Vuelva a escuchar, vuelva a ver lo que le hace reír.
- Reviva gustosamente las mismas sensaciones.

Algunas personas habrán notado que han experimentado exactamente la misma intensidad de emociones que en el pasado. Otras, sin embargo, dirán que las han experimentado al 80-90%. Nuestro cerebro es un fiel servidor, preparado para servirnos si nos tomamos el tiempo suficiente para pedírselo.

Días 66 al 70

Dedique diez o quince minutos diarios a experimentar LAS SENSACIO-NES PARTICULARMENTE AGRADABLES ASOCIADAS A UN RECUERDO. Los ejemplos abundan:

- un momento de tranquilidad;
- una actividad física de la que se siente orgulloso;
- una situación profesional en la que se ha encontrado bien;
- un momento privilegiado con sus hijos en el que es consciente de la felicidad de ser padre.

Le sugerimos que practique este ejercicio como una gimnasia co-tidiana. Tiene la ventaja de poder realizarse en cualquier lugar: en la oficina, en el autobús, en el tren, en la cama, en el sofá, en la calle, en el baño ...

Día 71

HOY le proponemos el CAMBIO DE ESTADO INTERNO RÁPIDO. Es un método simple para cambiar de humor, que le será muy útil en la vida cotidiana. Por ejemplo, imagínese que una mañana se siente deprimi-do, no tiene ganas de ir a trabajar y además llueve. Usted utiliza un discurso del tipo: «que vida, si pudiera quedarme en la cama, tengo la moral por los suelos...». Si usted quiere realmente salir de ese estado haga lo siguiente:

- Póngase de pie.
- Separe las piernas.
- Separe los brazos.
- Repita la misma frase, pero cantándola con el ritmo que usted quiera.

Asombroso ¿no? Nuestros comportamientos son el reflejo de nues-tros estados internos y, a veces basta con cambiar el comportamiento externo para provocar un estado interno diferente.

Veamos un ejemplo. Hace algunos años, Bernard recibió a una pa-ciente con un problema banal de salud. Al finalizar la consulta ella le preguntó si la reconocía. Bernard le dijo que no. La paciente, con una gran sonrisa, le contestó que no le sorprendia puesto que desde su primera entrevista, ocho meses antes, había perdido veinte kilos. Y la paciente prosiguió: «Cuando vine a verlo en febrero le estuve hablando durante un cuarto de hora de mi problema de peso, lamentándome de la ineficacia de los numerosos regímenes que había seguido. Usted me escuchó sin decir nada. Al final, cuando le pregunté qué podía hacer por mí, usted sólo me contestó: «No adelgazará mientras siga retorciéndose las manos». En ese momento creí que se burlaba de mí. Me levanté, le pagué y me fui enfadada. Cuando llegué a casa seguía maldiciéndole, a usted y a todos los médicos incapaces de entender mi problema. Entonces constaté que, de una manera automática me retorcía con fuerza las manos. Pensé de nuevo en su frase y me inquietó. Entonces puse mis manos sobre los brazos del sillón en el que me estaba refugiando. Y haciendo eso me sentí totalmente incapaz de seguir quejándome de mi peso. Era como si al haber liberado mis manos hubiera liberado algo más».

Esta paciente seguidamente decidió hacer una cura y se inscribió en un conocido grupo que asegura un seguimiento dietético. Ocho meses más tarde volvía a contarle su historia a Bernard.

Al obligar a esa mujer a cambiar un elemento comportamental importante e íntimamente ligado a su estado interno, Bernard «paralizó el programa» que estaba asociado. De esta manera, ella no podía tener acceso a ese estado y eso la obligó a buscar otra manera de actuar; en este caso, ella decidió pasar a la acción.

Día 72

Hoy se va a entrar en lo que siente PARA IDENTIFICAR FÁCILMENTE UN ESTADO INTERNO. Aproveche el estado en el que se encuentra ahora:

- ¿Qué palabra ilustra mejor su estado actual?
- ¿Qué color le parece el más representativo de ese estado?
- Revise las diferentes partes de su cuerpo.
- ¿Está usted derecho, acostado, sentado, de pie?
- ¿Está usted derecho, encorvado, encogido?
- ¿Cómo está su musculatura? (El estado de contracción muscular variará si está de pie o sentado.)
- ¿Cómo es su respiración? ¿Abdominal, pectoral?

- ¿Identifica una sensación particular en un lugar preciso de su cuerpo o por el contrario tiene una sensación difusa?
- En una escala de intensidad de O a 10, ¿qué nota le daría intuitivamente a su estado?
- ¿Tiene calor, frío?
- ¿Tiene la impresión de estar ligero, pesado?
- ¿Es agradable este estado?
- ¿Siente que su estado es el mismo que al principio del ejercicio o que ha cambiado?
- ¿Se dice algo en particular?
- Cuando se concentra en su estado, ¿se hace imágenes particulares?
- ¿En qué otros momentos de su vida sería interesante que se encontrara en ese estado?
- ¿Qué va a hacer durante las próximas horas o minutos?
- ¿Este estado le ayudará?

Habrá observado que le es más fácil contestar a unas preguntas que a otras, o que incluso no tenía respuesta para alguna de ellas. Usted, por ejemplo, puede no hacerse ninguna imagen particular cuando se concentra en su estado mientras que la respuesta de otra pregunta le puede parecer evidente.

Poco a poco, a medida que aprenda a identificar sus estados internos se dará cuenta de que cada uno de ellos se caracteriza por un pequeño número de puntos específicos que usted reconoce como los más importantes. Por ejemplo, para el estado interno «confianza en mí misma» Nelly sabe que ella está derecha, que mira hacia delante, siente una tensión muscular en los maxilares, su respiración es abdominal y se dice a sí misma que «esto marcha». Bernard, en su estado interno de «curiosidad» siente una ligera sonrisa en sus labios, entreabre sus ojos, las aletas de la nariz se ensanchan ligeramente; ve un paisaje soleado y se dice que es maravilloso que haya tantas cosas que descubrir en el mundo.

Para aprender a reconocer rápidamente las características determinantes de sus diferentes estados internos es importante revisarlos regularmente con ayuda de las preguntas propuestas en el ejercicio.

Día 73

Usted va a reparar en el estado interno en que se encuentra en un momento determinado del día (ya decidido con anterioridad), es decir RECONOCER UN ESTADO INTERNO EN LA ACCIÓN. Elija una situación en la que esté solo. Ayúdese de las preguntas precedentes.

Cuando haya identificado los diferentes parámetros de ese estado haga la lista de las cuatro o cinco características determinantes. Incluso si piensa que podría rápidamente discernir los dominantes, revise las diferentes preguntas del ejercicio anterior; ello le servirá de entrenamiento para explorar el VAKO. Recuerde que para poder tocar una bonita pieza al piano hay que aprender a hacer escalas y ejercitar regularmente la agilidad de los dedos; o que solamente se aprenderá a hacer buenas fotos, a encuadrar bien y a utilizar bien la luz «usando» la cámara, etc.

Día 74

Hoy usted trabajará cuando regrese por la noche a casa. Por tanto ¡cierre el libro y pase un buen día!

Buenas noches. Instálese ahora en su lugar favorito o donde no le molesten. Tómese el tiempo necesario para ubicarse lo más cómodamente posible. Recuerde una situación del día en la que haya estado con una o varias personas, no pertenecientes al entorno familiar, por razones profesionales u otras.

¿Cuál era el objetivo consciente o no consciente, declarado o no declarado de ese momento? Por ejemplo, si se trataba de una reunión ¿cuál era para usted el objetivo final? Si ha ido simplemente a tomar algo con un o una amiga, ¿se trataba únicamente de pasar un rato agradable?

¿Ha logrado ese objetivo consciente o no consciente? Si la respuesta es afirmativa ¿cuáles eran las características de su estado interno en ese preciso momento? Revise el conjunto del VAKO, después elija los cuatro o cinco parámetros dominantes. Si la respuesta es negativa, realice el mismo trabajo pero pregúntese qué estado interno habría necesitado para vivir satisfactoriamente la situación y conseguir así su objetivo. Bien, usted ha aprendido a RECONOCER UN ESTADO INTERNO A POSTERIORI.

Día 75

Desde hace unos días usted está familiarizado con la noción de estado interno; ha aprendido a descubrir cómo se siente aquí y ahora, y a verificar si ese estado le permite vivir satisfactoriamente la situación presente. No olvide que no existen estados internos buenos o malos, sino estados internos apropiados a una situación, llamados «estados recursos», y estados inapropiados a una situación o «estados limitativos».

Hoy va a orientar su trabajo hacia el futuro IDENTIFICANDO EL ESTADO INTERNO QUE NECESITARÁ EN UNA SITUACIÓN FUTURA. Defina un estado interno en el que le gustaría vivir una o dos situaciones futuras reales, por ejemplo una reunión informativa que usted debe dirigir o un proyecto que debe presentar. En ese caso lo importante será que la gente comprenda lo que usted está proponiendo.

1. Defina con precisión cómo quiere comportarse durante esa situación:

- Hablar con distinción.
- Encontrar con facilidad las palabras para ilustrar sus ideas.
- Estar en disposición de responder preguntas. Verificar la comprensión de cada uno de los asistentes.

2. ¿Qué estado interno le permitirá adoptar fácilmente ese comportamiento? Encuentre la palabra que le conviene. Puede por ejemplo llamarlo estado de «lucidez».

3. ¿Cómo es su VAKO interno cuando está en ese estado de «lucidez»? Para Nelly, la mejor ilustración visual de su estado de lucidez es el blanco. Ella se dice que está contenta y que es muy agradable tener un fácil acceso a sus conocimientos. Se dice también que la gente está ahí para aprender cosas y no para acorralarla. Se siente amplia, su respiración es profunda y tranquila, incluso torácica.

- Ella tiene la impresión de tener el cerebro limpio. Siente su rostro muy distendido. Para usted ¿cómo se traduce ese estado?

4. ¿En qué momento ha sentido intensamente ese estado de lucidez? Reviva la escena con todos sus detalles.

- ¿Dónde estaba?
- ¿Cuándo ocurrió?

- ¿Quién estaba presente?
- ¿Cómo iba vestido?

Descubrirá que poco a poco, a medida que lo evoque encontrará rápidamente el estado interno en el que se encontraba en ese momento. No obstante ¡economice! Si en la fase 3 usted ya ha conseguido el estado deseado, aprovéchelo. Verifique solamente si es realmente el que le conviene.

5. Bien, ahora usted está en su estado de «lucidez». Imagínese ahora la situación en la que necesitará estar en este estado. Cierre los ojos si así se concentra mejor. Imagine la situación futura viviéndola a partir de ese estado interno de lucidez que acaba de identificar. ATENCIÓN: no prevea el comportamiento de los demás. Prevea únicamente el suyo. Verifique que su estado de «lucidez» le permite tener el comportamiento deseado para estar al máximo de sus posibilidades. Y si por casualidad no fuera así, elija otro estado interno como recurso.

Mañana se instalará ese estado interno.

Día 76

Hoy va a continuar el trabajo emprendido ayer y va a APRENDER A INSTALAR UN ESTADO INTERNO con una finalidad precisa.

1. Como le hemos indicado, reinstale el estado interno que eligió ayer.

2. Cuando esté instalado, entreténgase asociando a ese estado interno:
- un color,
- una palabra,
- un gesto.

(El gesto debe ser preciso y particular. Se trata de un gesto que usted no utiliza normalmente, como apretar fuertemente el extremo de su pulgar contra el índice de su mano izquierda.) Desde luego usted debe haber elegido el color, la palabra y el gesto antes de estar en el estado interno, con el fin de tenerlos a su disposición instantáneamente cuando los necesite.

3. Usted está en el estado interno de «lucidez»; ve mentalmente el color «...», se dice a sí mismo la palabra «..» y asocia el gesto «...».

4. Repita varias veces la operación 3. Estando en el estado interno de «lucidez» imagine, como ayer, su comportamiento en la situación. Hágalo varias veces.

5. Ahora piense en otra cosa, en ir a tomar un café o un té por ejemplo.

6. Usted se encuentra en este momento en otro estado interno diferente del de «lucidez». Pruebe ahora a evocar el color, la palabra o el gesto elegido (o los tres para los perfeccionistas). Constate gustosamente que el estado interno de «lucidez» reaparece rápidamente. Algunas personas necesitarán segundos, otras de diez a quince minutos.

7. Durante los días siguientes reactive cotidianamente su ancla visual, auditiva o kinestésica.

8. Justo antes de la situación de su vida que eligió ayer, antes de entrar por ejemplo en la sala de reunión, reactive su o sus anclas y no haga nada más. El estado interno reaparecerá automáticamente.

Si en los días o meses siguientes debe vivir nuevamente ese tipo de situación, comprobará que no necesitará su ancla. Para algunas personas el hecho de estar en situación desencadenará automáticamente el estado interno deseado desde la segunda vez; otras personas necesitarán tres o cuatro experiencias previas.

Al principio de este capítulo habíamos mencionado que la gestión de los estados internos consistía en hacer tres cosas: identificar nuestros estados recursos, aprender a disponer de nuestros estados recursos y neutralizar nuestros estados limitativos. Todos los ejercicios practicados hasta el momento le han permitido progresar sobre los dos primeros puntos. Generalmente, las «herramientas» permiten tratar el tercer punto; algunas, como la desactivación, las submodalidades o la disociación simple, se practican sin embargo en parejas. Nosotros proponemos sin embargo un ejercicio que le permitirá neutralizar sus estados limitativos sin ayuda de nadie. No espere (salvo excepciones) hacerlos desaparecer completamente.

Este ejercicio le permitirá disminuir considerablemente la emoción negativa asociada a un recuerdo, con el fin de que no le moleste más.

Días del 77 al 80

Usted ha dedicado mucho tiempo a movilizar sus recursos para poder disponer de ellos en el momento oportuno. Algunos de ustedes pueden haberse sorprendido de la facilidad con la que son capaces de disponer de esos recursos. En ese caso se dice que el recurso está integrado puesto que la situación se convierte en el desencadenante de ese recurso. No se necesita ancla.

Pero es evidente que no vivimos únicamente de los estados recursos. A veces, aunque poseemos las competencias técnicas y los conocimientos necesarios, tenemos dificultades para resolver algunas situaciones de nuestra vida profesional y privada, como por ejemplo hablar en público, dirigir una reunión, criticar o alabar a un colaborador, negociar una venta, explicar tranquilamente una lección a un niño, resolver un problema con nuestro cónyuge, etc.

No se trata de hacerle creer que inmediatamente va a ser capaz de neutralizar todos sus estados limitativos. Sin embargo, a menudo usted se aleja de situaciones de su vida que no ha vivido como hubiera deseado. Es entonces cuando se dicen comentarios como: «Tendría que haber dicho esto...», o: «En la próxima reunión voy a intentar controlarme...»; «Si vuelve a decirme algo, le diré lo que realmente pienso...»; que demuestran que en realidad usted ha intentado analizar situaciones de este tipo para entender mejor por qué ha fracasado. Seguramente también habrá intentado corregirse. Pero en la práctica es más fácil desear salir airoso de una situación en la que se ha fracasado que conseguirlo. Nosotros le vamos a enseñar a alejarse «al estilo de la PNL». Se trata de un medio. Esto quiere decir que existen otros y que este por si solo le permitirá resolver todas las dificultades que se encuentre. En casos concretos le será suficiente para situaciones futuras con un estado anímico diferente y le dará todas las posibilidades de conseguir lo que desee.

Le proponemos revivir un recuerdo que, indefectiblemente, asocie a sentimientos desagradables. El trabajo que va a realizar le permitirá TENER UNA VISIÓN DIFERENTE DE LO QUE PASÓ. Lea, antes que nada, el siguiente ejemplo. Después comentaremos las cuatro fases en las que se desarrolla el método utilizado.

Cuando Nathalie, secretaria de dirección, revive la entrevista de evaluación que mantuvo el año anterior con su superior jerárquico, reasocia inmediatamente todas las sensaciones desagradables que sintió entonces: sus mandíbulas estaban contraídas, su garganta seca, sus manos temblaban ligeramente y tenía la impresión de tener la cabeza vacía. No conseguía encontrar las palabras adecuadas y no sabía cómo expresar su desacuerdo con la apreciación que hizo su superior jerárquico sobre su trabajo. La entrevista fue un fiasco total y no desembocó en ningún plan de cambio para el futuro. Desde entonces tiene el sentimiento de no progresar y teme la entrevista que debe realizar la próxima semana para establecer nuevamente el balance del año transcurrido.

Primera fase

Le pedimos a Nathalie que coja un bolígrafo y escriba esa escena hablando en presente y en primera persona. «Son las 10, entro en el despacho de mi director. Me digo a mí misma que no va a ser fácil y que seguramente lo voy a pasar mal. Lo veo sentado detrás de su escritorio. No se levanta para recibirme y por la cara que pone tengo razones para estar nerviosa. Me hace una señal para que me siente y me dice: «Bien, hagamos balance del año pasado. En lo que a mí respecta existen algunas cosas que no funcionan. Por ejemplo: usted llega tarde con frecuencia. Creo que no se toma en serio su trabajo y, a veces, tengo la impresión de que no se entrega a él». Y mientras me habla empiezo a sentirme mal. No contradigo lo que me dice. Sus palabras son una especie de ruido de fondo que me sumergen en una gran confusión; noto como se tensan mis mandíbulas, intento reaccionar pero no sé qué decir. Cada vez que intento decir algo tartamudeo, mis manos tiemblan ligeramente y tengo la garganta seca. En ese momento me pregunta qué pienso. Lo miro furtivamente y consigo decir que es un exagerado y que no estoy de acuerdo con todas sus apreciaciones, pero no se me ocurre nada más concreto. Y la entrevista se termina con un: «Nathalie la animo a que haga un esfuerzo».

En conjunto nada es brillante. Al margen de que el director debería aprender a realizar las entrevistas de evaluación es evidente que Nathalie no ha sabido plantarle cara a la situación.

Segunda fase

Nathalie retoma el mismo texto introduciendo dos variantes. 1) Ella observa la escena. No explica por tanto que le pasa a ella, Nathalie, sino que describe lo que ve en calidad de observadora que ve la escena como si se desarrollara ante ella en una pantalla. 2) Ella habla de sí misma en tercera persona.

«Son las 10. Nathalie entra en el despacho de su director. Parece estresada. Ve al director sentado detrás de su escritorio. Él no se levanta para recibirla. Le hace una señal para que se siente y le dice: «Bien, hagamos el balance del año pasado. En lo que a mí respecta existen algunas cosas que no funcionan. Por ejemplo: usted llega tarde con frecuencia. Creo que no se toma en serio su trabajo y, a veces, tengo la impresión de que no se entrega a él».

»Mientras él está hablando, ella muestra signos de malestar. Las palabras del director parecen una especie de ruido de fondo que la sumergen en una gran confusión. Sus mandíbulas se tensan. Se diría que intenta reaccionar pero que aparentemente no sabe qué decir. Cada vez que intenta decir algo tartamudea, sus manos tiemblan ligeramente y traga con dificultad. En ese momento el director le pide su opinión; ella le mira furtivamente y logra decir que es exagerado y que no está de acuerdo con todas sus apreciaciones. La entrevista se termina con un: «Nathalie, la animo a que haga un esfuerzo». El malestar de ella es evidente».

Tercera fase

Nathalie permanece en posición de observadora y continúa hablando en tercera persona. Esta vez le da a Nathalie un comportamiento apropiado para dominar la situación.

Son las 10. Nathalie entra en el despacho de su director. Ella parece determinada a hacer lo que sea para que esta entrevista sea constructiva. Ella ve al director sentado detrás de su escritorio. No se levanta para recibirla. La cara que pone no la desconcierta. Vigila y está atenta a todo lo que pasa. Él le hace una señal para que tome asiento y le dice: «Bien, hagamos el balance del año pasado. En lo que a mí respecta existen algunas cosas que no funcionan. Por ejemplo: usted llega tarde con frecuencia. Creo que no se toma en serio su trabajo y, a veces, tengo la impresión de que no se entrega a él».

Mientras él está hablando, Nathalie dirige toda su atención sobre su interlocutor, con el que se sincroniza. Nathalie sabe que le encanta su trabajo y que se entrega a fondo. Ella le pide que precise en qué se basa exactamente para dudar de su entrega en el trabajo. El director le cita dos hechos: llegar tarde con frecuencia y una cierta pasividad en las reuniones. Nathalie reconoce que le cuesta levantarse por la mañana y que una o dos veces por semana llega a las 9 y 15 en vez de llegar a las 9. En las reuniones participa poco porque piensa que ese papel no le corresponde. Reconoce que esto puede parecer importante para su interlocutor pero en cambio asegura que no existe relación alguna entre esos hechos y un eventual desinterés por su trabajo, que por otra parte encuentra apasionante. A menudo, los fines de semana se ha llevado informes a casa; lee regularmente revistas profesionales incluso durante su tiempo libre. Después de esta aclaración se compromete a hacer un esfuerzo para llegar más a menudo a la hora sin asegurar el 100 %, lo cual parece satisfacer al director. Nathalie le pregunta qué papel quiere que desempeñe durante las reuniones, quizás haya algún aspecto a redefinir. Intercambian algunas propuestas en relación al tema y continúan la conversación que desde ese momento se desarrolla en un clima distendido y de manera constructiva.»

Cuarta fase

En esta última fase, Nathalie va a apropiarse de ese comportamiento reescribiendo la tercera fase en la primera persona, añadiendo además el diálogo interno apropiado.

Son las 10. Entro en el despacho de mi director. Sé que voy a hacer todo lo posible para que esta entrevista sea constructiva. Veo al director sentado detrás de su escritorio.

No se levanta para recibirme y por la cara que pone me da la impresión de que debo estar muy atenta para que todo vaya lo mejor posible. Me indica que tome asiento y me dice: «Bueno, hagamos el balance del año pasado. En lo que a mí respecta existen algunas cosas que no funcionan. Por ejemplo: usted llega tarde con frecuencia. Creo que no se toma en serio su trabajo y, a veces, tengo la impresión de que no se entrega a él».

Dirijo toda mi atención hacia mi interlocutor con el que me voy a sincronizar. Me digo a mí misma que él parece realmente enfadado, pero como sé que me gusta mi trabajo y que me entrego a él, le pido que precise en qué se basa exactamente para dudar de mi profesionalidad. Mi director me cita dos puntos concretos: el hecho de llegar con retraso y una cierta pasividad en las reuniones. Reconozco que me cuesta levantarme y que es cierto que una o dos veces por semana llego a las 9 y 15 en vez de llegar a las 9. En las reuniones participo poco porque pienso que ése no es mi rol. Por tanto, estoy conforme con las dos apreciaciones. Le digo a mi interlocutor que entiendo que esto le pueda parecer importante, pero que para mí no tiene ninguna relación con un eventual desinterés por mi trabajo, que por otra parte encuentro apasionante.

Más de una vez me he llevado informes el fin de semana. Igualmente leo regularmente las revistas profesionales en mis ratos libres.

Pero dada la importancia que esto parece tener para usted –le digo–, haré un esfuerzo para llegar más a menudo a las 9 sin comprometerme a hacerlo en un 100%». Esto parece satisfacerle. Le pregunto qué papel quiere que desempeñe durante las reuniones; quizás haya algún aspecto a redefinir. Intercambiamos algunas palabras en relación al tema y continuamos la conversación, que desde ese momento se desarrolla en un clima distendido y de manera constructiva.»

Estamos seguros de que ha comprendido la finalidad del «juego». Desgranamos las reglas:

- Primera fase: Usted relata, por escrito, una experiencia negativa que haya vivido, en primera persona y en presente. Intente mencionar todo aquello que dijo, especificando la situación y el contexto. La escritura, incluso cuando se utiliza la primera persona, es un tipo de disociación.

- Segunda fase: Esta vez usted es un observador externo. Imagínese que es un periodista y que comenta por escrito todo lo que está viendo. Usted se aleja de la escena. De esta manera usted no puede decir lo que le pasa en su fuero interno. Lo único que puede hacer es describir lo que ve.

- Tercera fase: La persona que observa (usted) muestra los comportamientos que le permitirán dominar la situación y obtener así el resultado esperado.

ATENCIÓN: Mantenga el mismo contexto que al principio. Si nadie sonríe no haga aparecer a todo el mundo con una gran sonrisa. Lo que se busca es un cambio de comportamiento en una misma situación.

Por el contrario, ese comportamiento nuevo (el suyo) tendrá ciertamente un impacto diferente sobre el desarrollo de los acontecimientos. Imagine cuál sería la reacción más probable de sus interlocutores.

Actúe como un director de escena que dirige a uno solo de los actores del escenario y le pide que cambie su papel para ver cómo ese cambio puede modificar el papel de los otros actores.

- Cuarta fase: Aprópiese de los comportamientos de la fase precedente. Exprese también los sentimientos en primera persona y el discurso interno asociado a su nuevo comportamiento. Exprésese en primera persona y en presente. El objetivo de este ejercicio es llevar a un nivel tolerable la intensidad de una emoción desagradable que usted ya ha experimentado. De esta manera puede evocar esa situación, u otra parecida, sin experimentar el malestar inicial. Usted está entonces en condiciones de instalar, si lo necesita, el recurso necesario para garantizar el éxito en la próxima situación (o acontecimiento) de características similares a la que está trabajando.

Conclusión

Al llegar al final de esta obra, usted debe haber desarrollado ciertas técnicas en el área de la comunicación y del cambio personal. Si así es, habremos conseguido el objetivo que nos habíamos fijado.

Usted ha aprendido poco a poco las técnicas para establecer una relación con otra persona en unos niveles más finos y eficaces. Estas técnicas no pretenden darle más poder, especialmente sobre los demás. Simplemente le harán ser más consciente de su responsabilidad hacia ellos y hacia sí mismo. Usted ha aprendido a tomar conciencia de que los sentimientos son inevitables, pero que cada uno de nosotros podemos amplificarlos, disminuirlos, cambiarlos y modificarlos siempre y cuando eso tenga un sentido para nosotros. El sentido prima sobre el resto. La PNL es a ese respecto complementaria de otros enfoques y enriquece el desarrollo personal, sea cual sea su origen. En algunos momentos su aportación puede ser interesante para «desliar» las cosas. Nos ofrece los métodos de cambio al mismo tiempo que nos permite ser responsables de los objetivos que persigamos. En sesiones de terapia o durante una entrevista, el balance previsible del cambio deseado es evaluado. Esto se llama la verificación de la ecología del cambio. El interesado asegura que el cambio deseado será en efecto positivo -según los criterios de la persona o del grupo- y que será coherente con el desarrollo global de ese grupo o de esa persona.

Este libro no pretende resumir toda la riqueza de la PNL, puesto que todavía posee un gran número de técnicas de cambio. Pero éstas necesitan la intervención de otra persona, por lo que no se han incluido en este libro de práctica personal.

Deseamos haberle ofrecido la oportunidad de profundizar y de conocer mejor esta disciplina en constante evolución. Como cualquier actividad humana, la PNL está sometida a los caprichos de la moda. Sin embargo, al tratarse de un enfoque basado en las relaciones que se tienen con uno mismo y con los demás, está protegida contra los cambios más superficiales.

Bibliografía

Andreas, C. y Andreas, S. *Corazón de la mente*, Cuatro Vientos Editorial, Santiago de Chile, 1980.

Bandler, R. y Grinder, J. *De sapos a príncipes*, Cuatro Vientos Editorial, Santiago de Chile, 1982.

Bandler, R. y Grinder, J. *La estructura de la magia*, Cuatro Vientos Editorial, Santiago de Chile, 1980.

Cayrol, A., *Mente sin límites*, Redbook Ediciones, Barcelona, 1994.

Cudicio, C. *Cómo comprender la PNL, Introducción a la Programación Neurolingüística*, Ediciones Granica, 1992.

Mohl, A. *El aprendiz de brujo. Manual de Ejercicios Prácticos de Programación Neurolingüística*, Ediciones Sirio, Barcelona,1992.

O'Connor, J. y Seymour, J. *Introducción a la programación neurolingüística*, Ediciones Urano, Barcelona, 1992.

Redford, C. *PNL (Programación neurolingüística)*, Redbook ediciones, Barcelona, 2014.

Ribeiro, L. *La comunicación eficaz*, Ediciones Uranos, 1995.

Ribeiro, L. *Los pies en el suelo y la cabeza en las estrellas*, Ediciones Urano, 1997.